やくざと芸能界

なべ おさみ

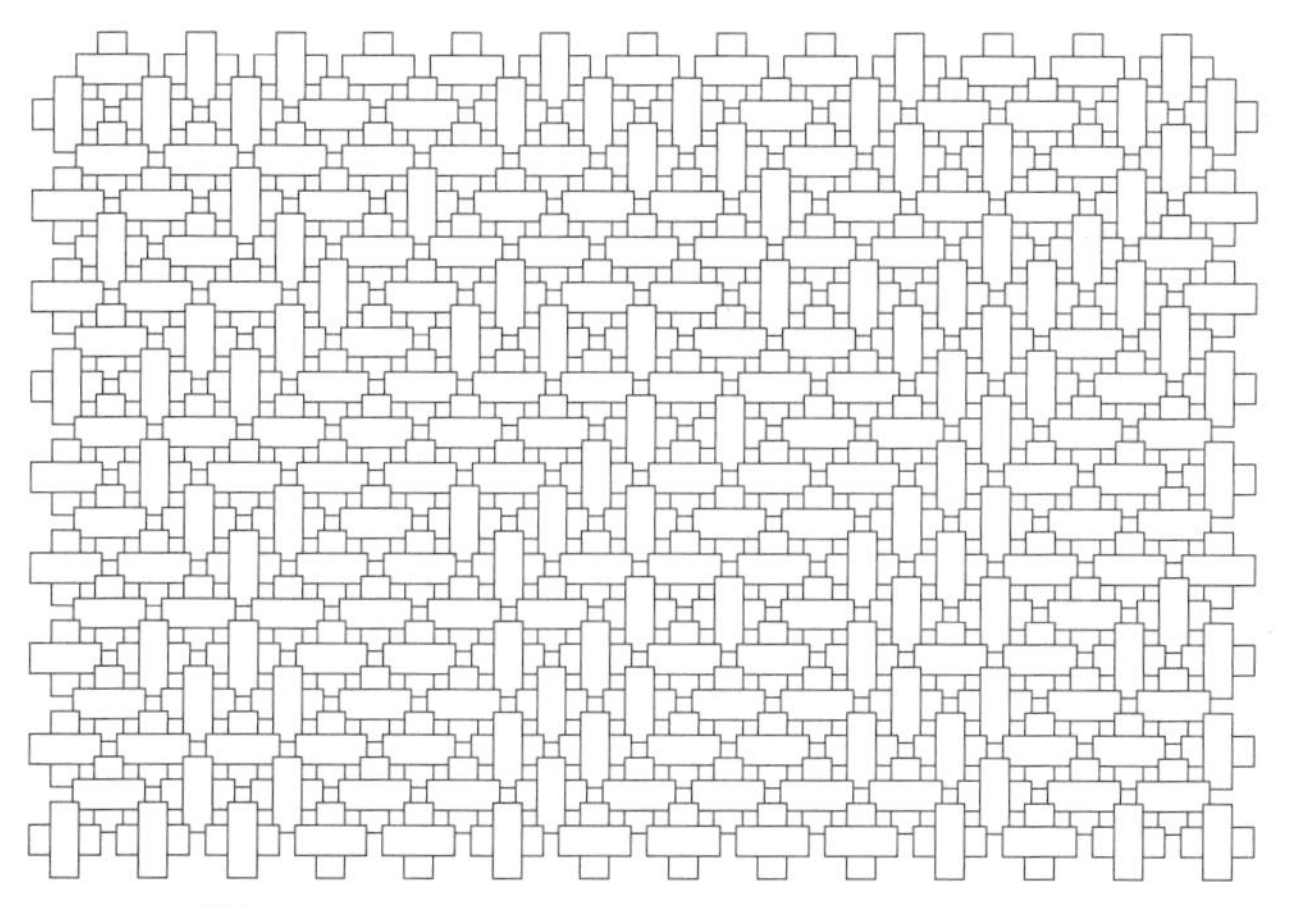

講談社+α文庫
プラスアルファ

文庫版まえがき

世の中は不思議なものでございます。

決して百パーセントなんて事がないのが、宇宙の摂理でしょう。どこまでいっても五〇と五〇で一〇〇なのだと知ったのが五十を過ぎてからのものでした。たとえばこの本、単行本として刊行された時、タイトルの奇異から、出版界では話題にもなり本は売れました。が、反面、テレビメディアからは無視され続けました。よってこの本に依るテレビへの出演は皆無でした。どころかカツラ合わせや衣裳合わせすら済んで、撮入寸前だったNHK木曜時代劇が、出演不可となりました。これが二〇一五年の四月でございます。

その事実に落胆しつつ、横横道路を横須賀に向かっている時でした。長い親交の牧島功県会議員の応援への道すがらです。一本のメールが飛び込んでまいりました。

インターを出て路肩に停めて見てみると、驚くじゃありませんか、講談社からこの本を文庫本として出したいがとの連絡でした。

私は気弱な者ですから、ＮＨＫに捨てられたら自棄になりかねないと〝天〟は思って下さったのか、拾う神を与えたのだと思えました。

そこで一気に改訂に入りまして、二度買いして下さる方にもお心に応えようと努めました。本当にありがたい事でございます。

ガラケーからやっと「らくらくスマートフォン」にし、半年間、パソコン教室にも通いました。全てＮＨＫテレビに捨てられた事に負けまいとする意地の行動でしたが、こうして原稿用紙にペン字を走らせていると、なんて自分は小さな枡目を見つめていたかが判ってきました。一枡の中にある無限の可能性を見落としていた事に気が付いたのです。これはＮＨＫテレビのお蔭かもしれません。

かくて私は、今また頭を上げて、しっかり歩こうと決意したのでございます。

二〇一五年　落ち葉を掃きながら

なべ　おさみ

やくざと芸能界◉目次

第二章　渡辺プロ黄金時代　101

第三章 「本物」のやくざを教えよう 205

第四章　政治家と明大裏口入学事件　305

やくざと芸能界

第一章　生まれは江戸前

三遊亭歌笑　直井二郎　許斐氏利　小林楠扶　福田晴瞭
平尾昌章（昌晃）　花形敬　飈吉（秋吉）敏子　白洲次郎
平林たい子　石津謙介　三木鶏郎
阿木由紀夫（野坂昭如）　安藤昇　永六輔　左とん平

役者になりたい

昭和十四（一九三九）年、太平洋戦争が始まる二年前に、東京は大森に生まれました。本名は渡辺修三です。

戦争が激しさを加え始めた頃、丁度、東京が空襲を受ける直前に、一家は茨城県の開拓地に疎開致しました。それは四歳から十歳までの六年間でしたが、この期間にこそ、私の人間としての基盤ともなる知力、胆力、行動力が鍛えられたのだと思います。

チビだったために軽く見られる事を嫌った私は、地元っ子との喧嘩の明け暮れの中で場数を踏んでいきました。後年、この経験がうんと役立ちます。

小学四年生までの全ての想い出の根本に、〝腹ペコ〟が存在しています。子供心に、食べる物の無い辛さが身に染み付いております。子供ながら、おなかを満たす工夫を、懸命になって考え、行動したものでした。

東京で工場再建に必死の父が、時折田舎へ帰って来る時、私達に持ってきてくれる少年雑誌が私の食生活を陰で支えてくれました。水戸に近いとはいえ、茨城県の鯉淵（こいぶち）村は田舎でした。東京からの文明の風が吹いては来ません。それだからこそ私の手にする本は、都会の香りを運んでくれる恰好の文化でした。行った事も見た事もない東京への憧れの詰まった雑誌を一日友達に貸すだけで、私の望むだけの欠餅（かきもち）や乾燥芋、そして干し柿になりました。子供心の必死の駆け引きで、知恵が養われたのでしょう。父の恩恵を利用するという、飢えから逃れる手段の発見でした。

私の東京徘徊の初動は、昭和二十四（一九四九）年の「日本劇場（日劇）」で見た「夏の踊り」のショウステージに起因しています。

夏休みを利用して、満員以上に満員の列車に乗って、常磐線の内原駅から上野に向かいました。姉に連れられ、今学期の通信簿を持って父に見せに行くためです。父は姉にも兄にもそれを義務づけず、私にだけは強制し、そして前学期より向上していると、映画を観せてくれたのです。

私は成績は誰にも負けない自信があって、自分で点数は調整出来ました。頭は悪くないが、実に嫌な奴だったと思います。そして、成績に反して、「行動の記録」の評価が、実に何とも……。一学期ごとに先生が成績表に書き入れる注意事項が、余白にびっしりだったからです。成績が良くても行動がそれに反しているから、「来学期は皆の模範になるようにやって欲しい」と願われていました。毎学期、毎学期、中崎きみ子先生の期待を裏切り続けた四年間でしたから。

実は私は、集中すると、何でも短時間で頭に入ってしまう特性がありました。兄の覚えている「教育勅語」を端で聞いていて、簡単に暗記してしまったくらいで、これ以来、兄にも嫌がられましたから。

でも、飽きっぽいんです。すぐに興味が失せて、気は他所に移ってしまう特性でもあったのです。ですから、一学期でも長すぎて、良い子ぶって素直にしてなんか、とても出来なかったのです。

それでも、学期の始めは暴れて過ごし中頃から協力的に過ごすと、「教室の皆の模範となりました」となり、今後を「期待しています」と中崎先生は書いてくださいました。

これが、私の人生の重大な方向付けになろうとは、人生って判らないものです。

父は望外に喜び、姉と私に褒美の小遣いを持たせ、映画を観に行かせてくれました。父自身は品川区の荏原中延の工場を大田区の六郷に移す寸前で、子供に構う暇が無かったのです。これも幸いしました。姉は自分が観たいレビューへと、私を誘ったのです。

まさか、これが弟の心に根強い将来への願望を植え付けてしまうなんて……。小学四年生の私が受けた衝撃は、大きかったのです。

私にしても、この時生まれて初めて感じた心の底からの雄叫びは、決して外へ漏らしませんでした。言っても笑われるだけの事でしたから。

「あの舞台に立ちたい！」

心から思いました。思いましたとも。

記憶する中での初めて降り立った東京には「色が無い」と、子供心に思った。それが一夜明けた日劇の舞台には、心を奪う五色の色彩が飛び交っていた。光を浴びた色彩豊かな服装や背景には、色が在った。赤茶けた焼け跡だらけの東京なのに、ここだけは何とも言えぬ美しさ。

それを楽しむ人々。それを楽しませる人々。

私は楽しませる人になりたいと、単純に思った。

私は単純だが、しつこい。

なりたい気持ちを固めて塊として心の奥にしまい、表に出たのです。忘れもしない、昭和二十四年のうだるような夏、八月第一週。

姉と二人で並んで、有楽町の新橋寄りのホームの端に立った。暑い一日が終わって熱気の残るホームに夕風が吹いていた。右手から夕陽が日劇にぶち当たっていて、これから夕闇になりますよと告げていた。高間にある駅は、日比谷から銀座四丁目に向かう大路が、ホームの先端の下を走って築地辺りまで一直線に望めた。

頭には、今観てきた三遊亭歌笑の笑いも映画の記憶も薄れて、あのライトの美しい光彩だけが残っていて、私を誘っていた。

その時、夕暮れの銀座に、パッと電気が入った。ネオンが輝いたのだ。何たるタイミング。これこそ天の誘いとしか思えない。

その美しさは何と表現したら良いのだろうかと、少年だった私は驚きの眼で見入った。電車が入って来て思いは断たれたが、緑や赤や桃色の輝きや、ステージの誘惑だけはしっかりと、私の体に染み付いた。その為か、今でも電飾がたまらなく好きでしてね。

そして翌年、昭和二十五年の春に東京に戻って住まう事になったのだから、これも天の差配か。これ幸いとばかり、私の銀座を中心としたうろつきは、止まることも無く大学入学時まで続くのだ。天が見ているとも知らないで……だ。

東京に戻ってきた私には、生まれた大森の記憶はなく、東京の全てが目新しいものでした。特に特に銀座は特別に素晴らしかった。

小学五年生の私は、すぐに映画に心を奪われ、それからの五年間はひたすら映画の虜と化しました。飽きっぽい私が飽きもせず、毎年三百本近い映画を見続けておりますうちに、六年生時には、おぼろげながら、「この世界で、役者になって生きていこう」と心に期するように為っておりました。こうなると私はしつこい。

しかしこの気持ちは、固く心に封印して仕舞い込みました。何故なら、焼け跡だらけのこの頃に、「役者になりたい」等と口にしたら、「馬鹿か！」と一蹴されるに決まっていたからです。その頃の一般家庭で、こんな願望など笑止の沙汰、夢のまた夢、社会的に見ても荒唐無稽以外の何ものでも無かったはずでした。封じたら封じたでしつこい。ハブみたいですから。

でも私の心の内には、「だって、現実に役者が居て、映画が出来てるじゃないか、何が夢だ、夢を現実にするのが、人間の進む道だろ」と、固い決心と真っ赤な炎が燃えさかってしまったのです。「ナントカ、蛇に怖じず」です。正直、映画しか見えない少年でした。映画に目が無いんだから、目が無きやカントカ滅法でしたね。

この私の決心は親や兄姉はもとより、友達にすら話さず、ただ黙ってお金を貯めようと考えました。

私の家は、父と伯父とで会社を経営していましたから、時々伯父の口からも、

「おさみは大学出たら、新潟工場と、糸魚川工場を任せよう！」

なんて言葉が飛び交っていたのです。

東京本社は千坪を超す広い工場で、石綿パイプの製造会社でした。伯父は社交的で区議会議員にもなる人でしたから、明るく面倒見の良い人間で、一方、その弟である父は、寡黙な実務畑の人でした。性格の違いが和して、仲の良い兄弟関係でした。実は父たちの両親が幼くして亡くなったため、この伯父が苦労して四人の弟妹を育てたのです。極貧の中で私の父を学業につかせ、松本教育実業学校を出させてくれたのです。

この兄弟は、実は兄弟というよりも親子、父と子の関係であったと私は気付いていていました。だから父は兄に忠実で、全て従っておりました。兄は兄で弟である父が風邪でも引いて寝込もうものならば、五分おきに枕元にやって来て気遣う。「これを飲め、これを食べろ」と、心配で心配で仕方ない様子。これじゃ眠っちゃいられないよと母が笑ったものでした。

だから、伯父が「おさみは新潟へ」と言ったら、間違いなく私は煙突屋かスレート屋の工場長にならされていたのです。家の製品は今なら厳禁のアスベスト（石綿）ですぞ。それはともかく、それを敏感に察知したからこそ、私は小学生から働き始めました。いつの日か脱出を目指して。そう、家出です。否、独立です。その日の到来のため、少しずつお金を貯める必要を感じていたのだから、凄いでしょう。事実、私は小学五年生から家を出る大学入学の年まで、当然の如く働いた（貯えこそ出来なかったが）のです。

本当に世の中とは不思議なもので、「願わば叶う」ものだ。

日本語が下手な恩人・金井さん

昭和二十五（一九五〇）年六月二十五日、日曜日に、私は五反田に出来た映画館に出掛けていました。この帰り道の国電で、品川から蒲田までの間に聞いた会社員の会話から、朝鮮での戦争勃発と、その影響を知ったのです。

その時得た、「直（じき）に、金へん景気や糸へん景気が来るぞ」との情報から、近所の鉄屑屋の金井さんに確かめましたら、

「お前、と（ど）して、そんな話、知ってるか？」

金井さんは驚いたのです。そして、もう自分達は半年も前から、あらゆる金属の廃品回収を命じられているのだと話してくれました。全て合点がいきました。

「金井さん、僕が持って来たら買ってくれる？」

私の問いに、朝鮮人の金井さんは黙って頭に手を押し付け、やがて屈んでニッコリと笑ってくれました。

子供心に、「男の約束」が暗黙の内に交わされた気がしました。

そもそも金井さんと知り合ったのは、東京に戻ってから直ぐの時でした。

学校へ通う道を三日も歩いたら嫌になって、道順を変えたのです。少し遠回りの方向に歩いたら、赤茶けた鉄の塊が山積みになった広い土地に行き当たりました。その鉄屑置き場を横切ると近道でしたから、どんどん入って行ったら大間違い。突然、眼前に大きな真っ黒な犬が飛び出して来たのです。

短毛の黒光りする犬は、全身を低く沈め、唸り声も低く発し、牙まで剝いていました。

しかし、どうしたわけか、犬という動物は、実に私に馴れやすいのです。少しも怖くないのです。その時も、「よーし、よし。よしよし良い子だ！」と、平気で頭を撫でてやり、「お手！」までさせてしまったわけです。

「ありゃりゃ！」

大きな鉄管の中から出て来たのが金井さんでした。これが初対面で、以降毎日、行きに寄って〝黒〟を撫で、金井さんと話し、帰りに顔を出しておやつまで頂くのが楽しみになっていました。搬入や出荷で忙しい時は、〝黒〟と戯れて家に戻るのです。

わけ。

だから、その日も、何となく閃いた考えを確かめに、金井さんのところへ行った

金属類が、屑でも金になるぞと知った途端、頭に浮かんだ場所は二つありました。一つは、近所にある工場跡地でした。そこはかなりの広さで、爆撃を受けて破壊された焼け跡で、私等の遊び場です。そこには従業員用の大浴場があったらしく、砕けたタイルの床や大きな浴槽が無残な姿を曝していました。

私が目を付けたのが、風呂場に残っているカランです。湯や水道の蛇口です。これが何十と並んでいたのです。

もう一つは、自分のところの工場敷地です。千坪を超える中央に工場が建ち、周囲は製品を置く場所になっていて、トラックがぐるりと回れるようになっています。空地も広く、ここで住み込みの若い衆の兄さん達が、手作りの球を使って野球をしていたのです。ところが、時々地面から金属片が出て来て、皆を邪魔して困らせていたのです。戦前、ここが旋盤工場だったため、抜き物の金属や切粉が、やたらと埋まっていたのです。

私の行動は早かったと思います。まず、近所の工場跡地に手を付けました。

金井さんに借りた大きな金槌は、チビの私には重かったが、威力はありました。一擲(いってき)でカランの首は飛びました。縦には振らず横に振ると、一発でした。

正面玄関前には、横並びの水飲み場があったようで、この蛇口をも失敬しました。

「これは真鍮(しんちゅう)だから高いよ!」

リヤカーで運び込んだ蛇口の山を見て、金井さんが目を細めた。

「いいこと教えてやろう!」

金井さんは、私に大枚の百円札をくれながら、台所に連れて行った。

「これ、見てみろ!」

流しに取り付けた水道は、水道管がかなり剝き出しになっていた。その蛇行(だこう)して家の地面を這っている管を示しながら、金井さんは説明してくれました。

「細工しやすいように、家の中への引き込みは、やわらかい鉛管を使うんだ。まけ(曲げ)やすいからさ」

明日からもう一度、カランに入って来るまでの鉛管を探してみろと言われた。大ヒントだった。学校も早引けして、作業に没頭するのでした。

子供じゃ浴場の広いコンクリートの床は、太刀打ちが出来なかった。正門から水飲み場までも、しっかりコンクリートが敷き詰められていて手に負えなかった。私は浴場が壁面で仕切られた角地にあったことを思い、そのコンクリートの区切れの地面を掘ってみた。必ず引き込み場所があるだろうと思えたからです。

こうなると夢中です。初夏の日の暮れは七時を過ぎます。昭和二十五（一九五〇）年の六月では、どこの家も夕飯が終わるのです。ところが、私は止められません。汗だくでシャベルを使い続けました。月光が降り注いで来ました。

「カチン！」

硬い物に当たった音です。もう壁面に沿って、何メートルも掘り進んでいたのです。夢中で掘りました。

「やったあ！」

月光の下での夜更け、思わず声が出たはずです。世間は寝ている時、果報は寝て待てない人生が目覚めた瞬間です。この時の感激は、今も胸に残っています。

姿を現した管に行き当たった喜び、シャベルで打ち込むと簡単に切り込めて、鉛管だと判った驚き、さらに言えば、掘り出した部分が重くて持ち出せず、一度埋めて隠して、明くる日にぶつ切りにしてリヤカーで金井さんのところに運んだこと等、全てが昨日の事のように心に刻まれているのです。この時、手にした金銭は、子供心には天下を取ったように思えた額で、これがかなりの長期にわたり私の映画館通いを助けてくれたのですから。

また、父の工場の掘り返しの方も、学校から飛んで帰ると、毎日やった。

「おさみは偉いね。地面を均（なら）している」

と、伯父が言ったそうで、会社の皆が讃美と敬意の眼差しで見てくれたのには、少々くすぐったくて困った。こっちは人の気づかぬうちに金屑をお金に換えているだけなのだもの。でも、煙突運搬用トラックのタイヤに、鉄片が突き刺さりパンクしたことが幸いし、私がせっせと庭を穿（ほじく）っていても、文句の一つも出なかった。

「おさみちゃん、助かるっちゃ！」

工場長の江口の三郎さんに誉められたりしているうちに、リヤカー運びも終えてしまった。その頃、公園や学校の水飲み場から、蛇口がもぎ取られる事態が勃発し始めるのだ。マンホールの蓋が盗まれ電線までが切り取られる社会現象が起こって来るのだった。もう私はその時には、鉄屑で稼いだ自分の金で映画を観ながら、次はどうやって只で観ようかとの思案にふけっていたのでした。

金井さんは子供の私にもごまかしが無く、正当に払ってくれたことは、心に染みましたね。

「お前にはおとろく（驚く）なあ！」

とよく言われた。

「何しろ、この〝黒〟は人になつかない犬なのに、この子にはコロッた（だ）ものね」

私は金井さんの友達に、金井弁の物真似をして喜ばれた。考えるに、後年、私が韓国系や朝鮮系の人と親しくさせてもらう源は、金井さんの影響だなと感謝しています。

ちなみに、当時の屑鉄屋の売値は、鉄は一貫目で三十円。これが一番安い。一貫は三・七五キログラム、千匁だ。従って、百匁は三百七十五グラムだ。高いのは銅で、百匁八十円。真鍮は百匁六十円、鉛は百匁三十円だった。

カランと鉛管と鉄片で稼いだ、小学五年生の私の実入りは馬鹿にならなかったと判ってもらえよう。これを小箱に入れて、押し入れの天井裏に隠した。私は床につきながら、何時でも天井を見上げてニンマリしていたと思う。

心畳の和室に兄姉妹と五人で寝ていたが、小箱に隠してある身上(しんしょう)メンコと札束を思うと、思わず笑みが出て、ついには声まで出して笑ってしまって兄に殴られたり、母に言いつけられたりした。でもこの頃は、母の私に対する心証は頗(すこぶ)る良く、相手にしてもらえなかったらしい。

それも無理はなく、母の最大の悩みであった、毎日抜き取られる財布の中身が、近頃ピタリとやんでいる喜びの方が大きかったのだ。目星は私だと、母はつけていたのだ。

どうしても毎日映画を観るためには、母から拝借するしか無かった私は、本当に毎日精を出して抜き続けた。一度に三十円でも、重ねれば大きい。それを判っていても抜き取りやすい場所に母が財布を隠してくれていた事まで、考え及んでいなかった。

そう思える子なら、驚くほどの金を手にした時、そっと母の財布に今までの分を入れ直しておくはずだ。それなら小説になるだろう。残念ながら私には、その配慮に欠けていて、母を喜びで泣かせる事は出来なかった。

江戸前育ち

学校へは、国道一号線を真直ぐに川崎方面に向かう。大袈裟に言えば、東海道を品川方面から、京都方面に向かって歩く。

江戸という町は品川宿から内で、品川から多摩川の河口あたりまで続く東海道は海辺寄りにあった。この辺の江戸湾は、江戸に入る一歩手前の海だから、「江戸前」と呼ばれた。前浜で仕事をする漁師達は、魚貝や海苔を、朝早くから天秤棒で荷って江戸内に出掛けて商った。

「おう魚や！　何処から来たィ！」

「江戸前でぇィ」

「ならピンピンだな？」

「あたぼうよ、江戸前でィ！」

つまり、新鮮の代名詞が〝江戸前〟なのだ。

私はこの江戸前で生まれ、外れの六郷で育った。周辺の気質として、ツーと言えばカーの単純な一本気が男の性分で、言ってみれば面倒臭い事が嫌いな、腹に二心の無い、せっかちな者が多かった。

魚は足が早いから、気が短いのだ。まごまごやじれったいのが、嫌いなのだ。腐っちまうからだ。私には、まったくこの気性が植え付いていたと思う。

こうした人間は、事を為すにはぱっと行動するが、その分熟慮に欠け、失敗する事も多い。私の人生そのものですかね。

ヤクシャよりもヤクザへ

「ヤクシャ」になりたい！

そう心に誓った私が、「ヤクザ」になりたいと願う日がやって来ようとは、思いも寄りませんでした。

だが、やって来たのです。「ヤク」までは同じでも、「シャ」と「ザ」は大きな違いです。本当にどっちへ行ってしまうのか判らない程迷ったのは、十七歳の時でした。

それは横道へずれたわずかな期間の昏迷でした。私が俗に言う「与太った」生活を送ったのは短い時間です。

　中学二年の時でした。

映画少年だった私は、映画を観に日比谷に出掛け、不良少年達に恐喝されそうにな

った事がありました。いかにも仲良く見えるように肩など組まれて、五人ぐらいの高

校生にビルの谷間に連れ込まれたのです。

囲まれて、上手な脅しに遭いながら、金を巻き上げられようとした時、私は猛然と

襲い掛かりました。それまでじっと、誰がリーダーかを窺っていたのです。そして

その頭目を殴りつけ、同時に大声で啖呵を切ったのです。

「おれの兄貴が、銀座の誰だか判って手前ら、カツアゲしてんのかァ！　えーっおい

ッ！」

　リーダーは狼狽し、脱兎の如く逃げ、残る者も雲を霞と消え去りました。

　この一件は大きな自信となりましたが、生き馬の目を抜く都会では、はったりだけ

では乗り切れないものをも感じさせてくれました。確かな後ろ楯となる人間が存在し

ないと、とてもじゃないが修羅場は乗り越えられないと思わされました。幼い日々か

らの少年ながらの戦いで得た喧嘩作法も、海千河千の若者が集まる銀座界隈では、チンピラが憧れる本物のやくざの一人ぐらい知り得ていなければ、幅が利かないなと考えさせられました。

でも銀座や浅草に出掛けるたびに、独り歩きの私には難儀が降り懸かってくるのです。その度に口から出まかせの知恵で、虎口（ここう）を脱出していましたが、ついに抜き差しならぬ事態が起きました。

高校に入ったばかりの春です。

一年先輩の女生徒から誘いを受け、銀座に出掛けました。彼女は勝手知った所とばかりに先に立って、有楽町駅前の喫茶店に入って行きました。ところがここは、不良少年達に評判の銀座三悪のヒーコヤ、つまりコーヒー屋だったのです。

後で知りますが、「ロア」「トレアドル」「ダイヤモンド」の三店は、二階が同伴喫茶と呼ばれる背凭（もた）れの高いソファになっていて、照明も極端に暗くなっているのです。アベックシートというもので、来ている客の全員が、良からぬ男女間の魂胆に溢れているわけです。

そこで話し込んでいて、私はトイレに立ち小用を足していた時です。

気が付くと、私は便器の下で横に伸びておりました。

後ろからいきなり殴り付けられ、額を壁にぶち当てて気絶していたのでしょう。つくったばかりの紺の背広が、汚れるだけ汚れていました。

私はトイレを出て、薄暗い店内を見回しました。二階の階段近くのテーブルに三、四組の男女が固まってニヤニヤしていました。私は近づいて行きながら、誰がリーダーなのかを察知していました。そして、彼を無言で誘いながら、もう一度便所に入りました。

出て来たのは、私一人でした。残る人間に誘いを掛けても誰も応じず、尻込みしたのです。

この時です。「蟹(かに)さん」が二階へ、悠然と現れたのです。これが私が初めて間近で接した本物のやくざの姿です。

蟹さんとは、私が名付けた陰口でして、本人にそんな事など言えもしません。何故、蟹なのかと言うと、この人は渡世上の不始末を、限りなく繰り返したらしく、その度に指を詰めたらしいのです。それが半端ではなく、左右の手の指が親指と人指し指だけ残して、合計六本、すっかり無くなっていたのです。そして右と左の四本の指を使って、美事にナイフとフォークを使い分け、ハンバーグライスを食べる様は、誠に蟹そのものを連想させてくれたのです。

蟹さんは終戦後、銀座を席巻した「銀座警察」という住吉会系の集団の生き残りの一人でした。大学の運動部の体型で、しゃれたグレイの背広からずんぐりむっくりの筋肉質の肉体が弾けておりました。

「ヨーシ、ようからおまえうわしひれ！」

私は理解に苦しみました。でも、それを顔に出せば、相手が気分を害するぐらいは判ります。笑顔で頷きました。

これがえらい間違いの元でした。

蟹さんは、短気も短気、我慢という字の無い国で生まれ育ったような男で、兄貴分だろうが親分だろうが突っ掛かってしまうらしく、そもそものはじまりは、そのために小指の第一関節を失くしたのだそうです。

私を気絶させ、直ぐその後で私が気絶させた因果で、私に仕切りを渡した男も豪快で、爽快な奴でした。今の北野武みたいな男で、この人は聞くに値する話し上手でした。

「指は一本で三回始末出来るんだよ。蟹の兄貴は六本無しだから〝ろくでなし〟ってやつだな。コレ内緒ネ。六本無ければ三倍で十八さ、都合十八回の失敗を繰り返してきた訳さ」

「でもまだ十二回分残ってるな」

と私が言ったら、間髪入れず、

「違う！　親指を見てみろ！」

と言った。成程、親指は二関節でした。

「じゃ、あと十回分しか無いな」

と言ったら、

「あの人は、全部失くしたらボクシンググローブみたいな手で、また一段喧嘩が強くなりそうだね」「でも、ピストルは撃てないやなあ！」

と真面目な顔で答えた。

蟹さんは、指だけでなく大喧嘩の結果として、口中の舌を半分切断してしまい、それを飲み込んでしまったのだとか。これが難題でして、何を言っているのかがさっぱり判らないのです。

「よーし、今日からお前が仕切れ！」

蟹さんは、そう言ったのです。それまで、蟹さんの手先として銀座三悪の一つ、「ダイヤモンド」を仕切っていた不良予備軍の若者が私に屈服した経緯を聞いた蟹さんは、政権交代を即決したのでした。曖昧に頷いたため、私が受け継ぐ事になってしまったのです。

これはえらい事だったのですが、血気盛んな若者には、願っても無い勲章となりました。

「トレアドル」や「ロア」を仕切る若者が挨拶に来て、引くに引けないまま数ヵ月が過ぎていきました。学校と「ダイヤモンド」が毎日の務めです。土曜日や日曜日は大変です。ひっきりなしに大学生達が、顔を出して来るのです。これは銀座で女の子を引っ掛けたりしている時、不良に因縁をつけられても、「ダイヤモンドの渡辺」の名を出せば、何も無く過ごせるための保証を買いに来るのです。

大概が良家の子で、お金はあるし有名校に通っている若者です。ま、プレイボーイです。これらの若者を相手に、蟹さん達は網を仕掛けていたのです。三つの喫茶店では、それぞれの責任者が陣取り、店をトラブルから守る代わりに巣くっていて、若者に「パー券」と呼ばれる「パーティー券」を買わせていたのです。一枚百円のパー券を五枚から十枚買ったなら、銀座でのトラブルから除外されるというシステムです。

戦後の銀座の裏社会は、旧来の戦前派のやくざと、大学出のインテリやくざとの、せめぎ合いがありました。旧来型は、博徒とテキヤの稼業人で、戦後派のやくざはあらゆる商売を編み出していきました。バーやクラブが使う、おしぼりや摘みの菓子、店内の盛り花や植木まで用立て、絵画までも貸し出しました。そうした中で「銀座警察」は、各店に強制的に用心棒代を申し付け、トラブル一切を担うとして君臨したのです。しかし度重なる警察の手入れで壊滅したのでした。

昭和三十（一九五五）年頃、銀座には二派の不良少年グループが存在していました。「銀柳会」「銀星会」がそれです。私はどちらにも組しない独立独歩でした。一匹狼ですからね。一つの考えが私を支配していて、独りであれば身を引くのも簡単だろうと、安穏に日を送っていたのです。

銀座は流石に日本一の流行源たる街で、繁華街の最高峰を誇るだけあって、気品と気位に富んだ街でした。それだけに、表立ってやくざが闊歩したりする姿は、昼間はまったく見当たりません。街の人々と共存共栄を図るのが新しい生き方だと理解した集団が、夜の街を支配していたのです。

不良じみた少年グループは、遊んでいても、時が来ればさっさと正常な道に戻って行くのがほとんどで、上部団体へ加入していく者など、ほんの一握りの存在というのが実態でした。後ではっきり教えられる事ですが、銀座の不良少年はやくざの予備軍ではありませんでした。育ちが良すぎたからです。

これも後年知る事ですが、戦後に頭角を現していった銀座の本物のやくざは、ほとんどがしっかりした家庭の子供で、きちんと教育を受けている者が多かったのです。不良少年の中からほんのわずかな人間だけが本物として残ったのでした。

銀座の二郎さん

高校で大好きな友が出来ました。七十を過ぎた今でも大切な親友ですが、この友の存在が、私の横道の経験に大きく自信と誇りを与えてくれていたのです。

当時、少し不良っぽい道に興味を持った若者なら、誰もが憧れた不良のスターがおりました。「池の二郎」さんがそれでした。会った事も話した事も無い者でも、「昨日会って話して、お茶を飲んだよ」とつい言ってしまうくらいの人気でした。

「五反田の〝パラマウント〟に行けば、きっと会えるよ」

仲間が話すのを聞きながら、私はわくわくしておりました。実はその人が、知り合って意気投合し、ぐんぐん接近していた親友の実の兄さんだったからです。

二郎さんは大田区の雪ヶ谷で牛乳屋を手広く営む家に育ち、明治大学出のインテリやくざで、その集団は一騎当千で全てが大学出身者だとか、噂が噂を呼んで耳に入ってきていました。寄って来る人間が多く、銀座では見逃せない集団になっていったそうです。この「池の二郎」一派を捨て置けず、銀座を与（あずか）る組がそっくりそのまま取り込んだのだとも聞かされました。要するに丸ごとスカウトです。

通称の、「池」とは、生まれ育った洗足池を表していました。後年大物になってからは、全国的に「銀座の二郎」で通っていた人です。本名は直井二郎でした。

私の親しき友は直井三郎、一番上は一郎さんでしたから、実に判りやすい命名を親がしてくれていたものです。「直さん」と呼んだ親友への呼称には、兄上の二郎さんの存在を知った後には、敬意や憧憬の含みも加わっていたと思う。今もって「直さん」だから、これは二郎さんへの敬意も含めて、変わらぬ仲だ。

話は一旦、小学五年の頃に戻る。昭和二十五（一九五〇）年の秋深き頃、銀座六丁目に一寸興味を引く「覗き眼鏡式」の立ち見広告が設立された。ビルの建設現場の通り一面につくられた宣伝用の物だったのだが、覗くと、間も無くこんなに素晴らしいものが出来るのですよと、窺える仕組みになっていた。

ところが、この覗き位置が高くて、私には無理なので、近くにあった自転車に乗って見たのだった。海水着のようなブラとパンツの女性が描いてあって、どきっとした。

その時、小学五年の私に、不思議な性衝動を覚えさせたのは「東京温泉」という、日本で最初にトルコ風呂を開業した会社だ。後の風俗の長じたる悪名高きトルコ風呂と違い、しごく健全な高級浴場であった。開業は昭和二十六（一九五一）年の四月一日で、それまでにサービス・ガールの募集を「ミス・トルコ」として話題を呼んでたりしていたから、一応私も銀座変転人間として、花輪だらけのオープンを、垣間見に行っている。

社長は日本を代表する鉄砲の名人で、射撃で有名だった。変わった名だから心に残っている。許斐氏利（このみうじとし）氏だ。幾ら私が行動的でも、流石に小学生では入店は無理だった。銭湯が大人十二円の時代、個室の入浴料が六百円なのだ。風呂の大衆浴場で、百円もした。私が入店したのは、高校生になって「ダイヤモンド」で遊ぶ頃からだった。

ある時、六時の集金に来た蟹さんが、めずらしく食事もせず飛んで帰った。私は久しぶりにジャズ喫茶「テネシー」にでも寄って、音楽でも楽しもうと街なかに出掛けた。

夏の夕方は明るい。陽差しが終わり、気分的に涼しく思えるみゆき通りを歩いていたら、三人の本物が十字路を横切った。びしっと背広を極めた姿は他を圧している。思わず後を歩いて行くと、鈴屋の先の歩道に三人の靴磨きが出ていた。一人が丸椅子に座ると、二人は後に控えた。靴台に足を出すと、「へい！」と手際の良いブラシが音を立て始めた。私は少し離れて、洋品店のウインドウを眺める振りをしながらそれを見ていた。終わって千円札が投げられ、釣りはいらないよと声が掛けられた。

「二郎兄さん、毎度どうも！」

私は目を剝いた。池の二郎さんだった。

薄茶色の、白に近い麻の背抜きの夏服が躍って、こちらに戻って来た。二人が従った。

日本人にはめずらしい面体（めんてい）で、外国の血が流れている風情が、側をゆっくり歩いて行った。「東京温泉で一汗流そうや」と聞こえた。

これが二郎さんとの初対面だった。私は不思議な気分に支配され、親友の顔が浮かんだ。二郎さんも三郎も、よく似た兄弟で、私には羨ましい美男子だった。

考えてみたら、東京温泉はまったく彼等のシマ内、縄張り内の有名店であった。後年、氏利さんの長男坊の許斐勝彦さんと知り合い、仲良くして頂いたが、この人も若い日には弟さんと二人で直井一派に加わっていた人だった。

私が東京温泉に行くと、何度か二郎さんと勝彦さんが一緒のところにぶつかった。二人の白い上下の背広姿が、実に清潔な印象で、都会派やくざの真骨頂を見る思いがした。

私の行状は、学校が公立だった関係で隠密裏に済ませようと、直さんにすら話さなかった。それで二郎さんとの遭遇も知らせなかった。直さんはラグビー一筋で、やくざの話を避けているのを皆知っていて、気を利かしていたのだ。

二郎さんは何もかもお見通しだった。私が三郎と仲良しで、適当に遊んでいることも、先刻御承知だった。

蟹さんから引導を渡される前、私は宇都宮刑務所に二郎さんを見舞っている。母親の面会に加えてもらって、本の差し入れを持って出掛けた。小林秀雄の本かなんかを持参したと思う。

「流石に大学出は違うなあって、中で俺はからかわれたもんさ」

後年になって、私もからかわれたものだ。

所払いを食らわされても、縁は切られなかった証拠に、二郎さんに言われた。

「なべ、お前、雪ヶ谷にしばらく住み込んで、兄貴や三郎を助けてやってくれ！」

家を飛び出して、放送作家の卵だった頃か。二ヵ月くらい、直井牛乳店で飯を食い、午前三時に起きて朝配、昼配、集金までやらされた経験がある。従業員の途切れた時のワンポイントリリーフだった。

二郎さんの若い衆だった事もないし、直井組に入った事実もないのだが、二郎さんの一派からも、二郎さんの兄貴分たる「銀座の黒豹」と異名を取った小林楠扶(くすお)さんからも、他人としては扱われなかった。

二郎さんは、小林会直井組として、小林楠扶さんの右腕として生きました。

「二郎がオレより先に逝くなんてなあ」

五十代そこそこで早世した弟分を撫でながら、楠扶さんが枕元で流した涙を、福田晴瞭(はれあき)さん(住吉会前会長)と見つめた私は、声も出ませんでした。

蟹さんとの別れ

私は蟹さんが、きっかり夕方六時に「ダイヤモンド」の表に外車を停め、その日のパー券の売り上げを集金に来て、定(き)まったようにハンバーグステーキにライスを食べるのを待った。

コーヒーが出て、私が売り上げを差し出すと、実に美事に四本の指が札を数え上げる。

「うーん、ひょうは、いあいにあがいがあったなあ」

「はい」

私にはもう理解が出来ていた。確かに今日は意外に券が捌けて上がりが多かったのだ。

千円札の束をひとつにして、大雑把に二つに割ると、半分を私に差し出した。

「おっとけ」

折っとけ？　折ってどうする、取っとけだ。

私は蟹さんと対する時、この人の目から目を離さない。顔を常に見たままだ。札を受け取る私の顔の変化と同じくらいに、蟹さんも笑顔になった。

周りに居る私の取り巻き達が驚いた。蟹さんの笑顔を初めて見たからだ。

「皆で分けな」

私は与えられた金を、側に居た者にあげ、

と言って、蟹さんへの礼を促した。

「頂きます」

「ありがとうございます」

口々に皆が言う感謝に、蟹さんは更なる破顔で応えた。

私は頃合良しとみて、切り出した。

「兄貴は池の二郎さんを知ってますか？」

ギラリと目が筋者（すじもの）になった。

私は弟さんが親友で、私も大田区の人間なのだと話した。

結果、これが拙（まず）かった。

どこでどう話し合われたのか判らぬが、ある日、蟹さんが苦い顔を見せて現れた。

その時の話はこうだ。

「銀柳会」も「銀星会」も、実は元締は共に池の二郎さんなのだと。その二郎さんは、今、短期刑ながら刑務所務めだと言う。実はそこから指令があって、お前を銀座で遊ばすなと命じられたから、今日限りで此処（ここ）への出入りは禁じる。他所へも伝達してあるから、もう銀座へは遊びに来るな。

そう言って、蟹さんは実に厳しい顔をしながらも、目にチラリと淋しさを走らせた。実際「ロア」でも入店を断られてしまった。

「二郎さんは、弟を不良の世界に入れたくないんだよ。お前は大の仲良しだろ。連れ立って遊ばれたら困ると思って心配してるのさ。だから、お前はしっかり大学へ行けと、中から伝わってきてるんだ」という旨の事を、蟹さんは言った。

「だいあくにいへっては！（大学に行けってさ！）」

二郎さんの伝言だった。最後に有楽町駅の改札口で、大勢の仲間や蟹さんに見送られて別れた。

電車に乗っても蟹さんの恐い睨みと凄味が頭から離れなかったが、それよりも最後の最後に交わしたハサミのような感触の握手と、一寸だけ見せた涙が忘れられない。

蟹の目にも涙だった。

花形敬さんの後ろ姿

銀座界隈から所払いされて、本当の意味で二郎さんの存在の大きさを知った。

何処でも良い顔をされないから、足繁く行きなれたジャズ喫茶「テネシー」へ行った。ここは経営者のママが常時店に居て、不都合な事が起こると直ぐに警察に電話をするので有名だった。店ではジャズに代わってロカビリーと呼ばれる若者の音楽に人気が出てきて、山下敬二郎、平尾昌章（現・昌晃）、ミッキー・カーチスが三羽烏と騒がれていた。

私は平尾さんのファンで、楽屋に出入りを許されていた。悪所から追放されたとはいえ悪ガキの中で売った名は通用したから、彼が恐喝もどきの脅しを受けると、マネイジャーに頼まれ私が相手に会って、話を付けたりしていたのだ。

それは喜ばれた。好意だけの行為だから、本当に仲良くなり、楽屋への出入りが可能になったのだ。

それでも私の中の滾る血気は抑え難く、ついに新天地開拓を目指して渋谷に目を付けた。ガキの世界で馴染んでいこうと思えば、印象付けの行動で存在感を示すのは簡単な事だ。私は体が小さい。初見で舐めて掛かられる。これを逆手に取って、一度だけ大喧嘩をやらかしてみせれば良いのだ。そう決めて、ついに渋谷に出張っていった。勿論、単独行動だ。

駅前は、昔も今も大差は無い。スクランブルになる前の時代であったが、西村のフルーツ・パーラーに三千里薬局は、今もある。駅前大交差点の角地にある三千里薬局のビルの上階に、麻雀屋があった。此処には手頃な不良がいつでも揃っていた。私は店内で麻雀中のグループに焦点を絞った。

相手は大柄で、高校生ぐらいの年代だった。後ろに立って観戦しながら、野次を飛ばした。

「馬鹿！　何を切ってんだよ！」

「ほれ見ろ、言ったこっちゃねぇ！」

等と言ってるうちに、ぱっと起ち上がった。

「うるせぇんだよ貴様！」

「うるさくて悪かったな！　あんまり下手なんでよ！」

かなり大きな男だった。

「表へ出ろ！」と言うより先に、すっと二人の男が声もなく寄って来た。実に静かな気配に、半端じゃない男達だと実感した。

無言の所作の内に有無を言わさぬ圧力があった。階段を歩かされ、道路を渡って、映画館の渋谷キャピタル座の裏に連れて行かれた。

私の喧嘩を買った相手、そしてここに連れてきた二人が立つ前に、もう一人ゆっくり割って出て来た男がいた。

忘れもしない、月光が降り注ぐだけの焼け跡であった。石塀がぐるりと囲んだ大きな屋敷跡であった。電灯一つ無い夜の闇を、月の明りが皓皓と照らしていて、私には表通りの喧騒一つ耳に入らなかった。正直、無声映画を観ているようだなと、ぼんやり思っていた。

「ここで、思いっきりやんな！」

その人が言った。白のダスターコートを肩に羽織っていた。ムーンライトが眼鏡の縁やレンズを反射させていて、目の奥が見えなかった。

直立不動で私達は立っていた。私の喧嘩相手も大きかったが、目の前の人はさらに一段大きかった。

二人の若い衆が音も無く私達の前に立ち、腹から白鞘の短刀を抜き出して、抜き身を手渡し、入って来た塀の割れ目に素早く立った。お屋敷跡の入口にはトレンチの男が仁王立ちしていたから、逃げ道は無かった。

「さあ、やんな！　思いっきりやんな！」

私も相手も、歩を取って向き合い、短刀を構えた。震えも動揺もなかった。

頭の中に一つの考えがよぎった。

右手に握った短刀を後ろに回し、身体を半身にして腰を低く落とし、左手を相手に向けて構えた。相手は学生服姿で身を低く構えて応えた。左の中天から月明りが満ちていて、この空地を照らしている。私は動けなかった。

過った思案が、ゆっくり戻って来た。

「もし此処で、刺されたとしたらどうだろう。どうなるだろう。刺したとしたらどうなるだろう。どんな騒ぎになるだろう。親が警察に呼ばれるだろうな。学校はどうなるのかな」

動けなかった。相手に、何の恨みも辛みも無かった。切ったり切られたりする遺恨が無い。

やはり動けなかった。相手を見つめて固まっていた。ゆっくりと時間が流れていた。

急転して、空間が闇になった。月が雲間に隠れたのだ。

相手に動きは無かった。

「それまで!」

首領の腹の底から響く声が、小さく出た。

何時の間にと思う素早さで、右手の短刀が取り上げられていた。

気が付くと、首領の前に立たされていた。一気に月光が、その大男を照らした。

その時、はっきり私は男の目を見たのだ。細い目の奥から鋭い光が放たれてきた。

それが眼光だと理解出来て、足下から凍り付いた。

「よーし！」

そう言うと私を見た。私はチビだから相手が階段の上に立って、見下ろしているように感じた。

「お前、ヤッパで斬（はす）ったら、事件になっちゃうな……って思ったろ？」

両手がズボンのポケットから出て、腕組みに変わった。返事を待つ間に思えたが、声が出なかった。

「もし相手を傷付けたら、父親が警察へ呼ばれ、家族にも迷惑を掛けちゃうなって……」

そう思ったのだ。

「そう思ったろ？」

見つめられて、図星を指されて、コクリとも出来なかった。

「学校は、首になっちゃうかなって、そう思ったよな！」

目線が移って、私の相手を睨んだ。この答えも返らなかった。

月を見上げて男は言った。静かな声が私の心に響き、今でも記憶の中で再生出来る声として残った。

「おれ達の稼業に入って来る男(やつ)はな、そんな事が浮かんじゃこない奴ばかりなんだ。お前等、育ちが良いんだよ。いいか、お前達、上の学校行け！」

その言葉で、私は「ヤク」に「シャ」を足す道を目指す決心が出来たのだ。

目を閉じれば、あの人が浮かんでくる。「ザ」を捨てさせたあの人が。

「遊びたくなったら、渋谷へ来い。お前等の性格じゃ揉める事もあるだろう。そうしたら俺の名前出していいよ。俺はな」月が出た。「俺は安藤組の花形って言うんだ」

月の光と後ろ姿。

「いいか学生！　大学行くんだぞ！」

わずかの期間、池上本門寺近くの大田区立図書館に通って、必死で三科目の勉強をして、私は明治大学へ入学を果たした。

私は二人のやくざから「大学へ行け！」と進言され、というよりも強制され、大学に入った人間です。期せずして、直井さんも花形さんも明大出身でありました。これも縁なのでしょう。

後ろ姿で消えた、あの人の想い出を消したくないから、どんな映画が出来ようが、私は花形敬さんの映画を決して観ない。

白洲次郎さんの言葉

私は全ての人を、ある尺度に掛けて見つめる習慣が身に付いてしまっている。良いのか悪いのか、初対面の人を、私なりに秤（はかり）に掛けている。

そのことにしても、銀座という場所が関係している。

昭和二十八（一九五三）年十月二十日。私はこの日開店した日本最初のジャズ喫茶、銀座「テネシー」の二階席で、ステージの演奏を楽しんでいた。ところが、私は隣席の人物が気になって気になって、ジャズも耳に入らぬくらいの神経をそちらに使っていたのだ。

どうしてってって、それは中年の男性だったが、おっそろしく日本人離れした人だったからだ。上質の薄茶の上衣が上品だった。それだけで当時の日本人にはありえない趣(おもむき)を投げかけていた。その上衣がカシミヤだと判るのはずっと後になるが、中学二年の私でも高級品だというのは理解出来た。

そればかりではない。端正な居住まいの中に気品があって、気位が感じられ圧倒されたのだ。そんな風体の人間に会った事が無かった。

「何者だろう？」

頭の中に浮かぶ俳優や歌手や著名人を探ってみたが、判らなかった。

とにかく、何かが人と違っていた。

その放射される雰囲気は、只者ではないと私に告げていて、その考えを巡らす行為に終始しているうちに、この回が終わってしまっていた。

仕方なく私はもう一演奏を聴こうと、入れ替えを断って、コーヒー券を買った。百五十円は安くなかった。普通ならコーヒーは三十円の時代だ。五倍もしたのだ。

「おっ、君、もうワンステージ観るんだね」

その人が話しかけてきた。

「私もこのシートをキープするよ」

二人共コーヒー券を手に、今までのシートに座った。休憩時間は二十分だった。

「君はジャズ、好きなのかな？」

私を見る目には、子供だからといって小馬鹿にした様子が少しもなく、興味だけがほとばしっていた。

私は嬉しかった。小躍りするほど胸が躍った。私の十四年間ぐらいの人生では、こんなにも清らかな静けさを放った人物にはお目に掛かっていなかったからだ。

「はい」と答え、私は聞かれるままにヤマハで買うレコードなどの話をした。

「日本人は皆、ジーン・クルーパみたいな人を好きなのかと思っていたが……」

驚かれた。私が覚えていたシェリー・マンの名を出した時だ。簡単明瞭で記憶するのに楽だったからだ。

その人は色々なアメリカのジャズマンの話をしてくれて、そうした人の曲を聴くといいよと教えてくれた。心に残っていて、結局レコードを買ったのは、ビング・クロスビー一人だったと思う。

「いい機会だから、君に一つだけ話してやろう！」

席に着く客同士の会話の騒音の中で、私の方へ姿勢を向けたその方が、じっと私の目を見た。

くりくり坊主の少年を、その人はどう思ったのだろう。今思っても、私はこの時の会話は天からの贈り物なのだと信じている。

「世の中全ての物はね、三つの物があると思う事だ。それはね……」

私の頭から全ての音が消え、この方の言葉だけが伝達されてきた。

「一つ、本物。二つ、偽物（者）。三つ……これは見分け難い物でね。似て非なる物と書いて似非（えせ）物（者）と言うんだ」

物にも人にも必ずこの三つがあるから、これを見分けられる人間に君はなりなさいと教えて下さった。そのためには、たくさん本物に会う事だ、美術館や展覧会、博物館や本などを、出来る限り観なさいねと仰った。

「例えば、今日のバンドの本物は、ピアノだね」

出演バンドは穐吉（後・秋吉）敏子トリオだった。

「あ・き・よ・し・と・し・こ」

前頭葉に記憶した。なるほど、丁度来日していたジャズ・オーケストラＪＡＴＰのピアニスト、オスカー・ピーターソンに見出されて直きに渡米し確かにジャズ界の巨人となった。

この時の会話は他にもまだあった。

「物で言うとね、この腕時計……」

左手にはめた黒革バンドの丸い時計を見せてくれた。

「今、腕時計は幾らするかね？」

「セイコーもシチズンも千円しません」

そう答えた私は、欲しかったが持っていなかった。中学生には腕時計など不必要というのが、世の習いであった。

「うーん、これ六十万円するんだ。この時計はパテック・フィリップと言う。時計の中の本物かな。世界中の時計が、これを目指しているんだよ」

「パ・テッ・ク・フィ・リッ・プ」

響きが残った。

のちに芸能界に飛び込んだら、猫も杓子もローレックス、ローレックスで、もちきりだったが、私は今でも腕時計はパテック崇拝者だ。

残念ながら筍（たけのこ）生活を余儀なくされ、手持ちの全てを手放してしまったが、初めてこれを自分の手にした時の喜びはひとしおだった。この紳士に触発された後、三十年の月日を経ての入手だったが。

以来、私は全ての物・人に対して、この説を当てはめて見ている。

本物か、偽物（者）か、似非物（者）かを。

影響は大だった。これは、私の一生の全ての尺度として植え付いた。以降、私の出会った人も、この考えでじっくり見て来たのだから。

やくざも、この三つに当てはめて見つめている。私が今、名前を出している人々は、それぞれ、その道の本物として私は見て来た。後になって、あの人は偽者だった等という事は断じて無い。


さて、一体この人は誰だったのだろう。

「テネシー」での出会いの後、二度と会う機会は無かったが、高校を卒業する頃だったろうか、雑誌か何かで写真を見た。はっとして、名を記憶した。今も、心の片隅にきっちり刻まれている。

男の人の名は、「白洲次郎」とあった。

十九歳の巣立ち

私は、大学に入ってすぐに、実は今か今かと機を窺っていたのです。つまり家からの脱出をです。

なかなか父や母に言う決断が下せなかったが、密かに作家の平林たい子先生に相談に訪ね、そしてお金を三十万円貸して欲しいとお願いしました。江古田の家は、使いで何回も行って承知していました。父は平林さんの旧い友人であり、平林さんの御主人について、「小堀甚二さんを知り得た事で、僕の人生は幸運に変わった」と終生語るほど慕っていた関係でした。平林さんとも戦前は平和主義で共に戦い、共に留置された仲だったのです。

「三十万？」

先生は大きく目を見開き、そんな大金を見た事も聞いた事も無いといった顔をしてみせました。私はどうしても家出準備金として、手にしたい金なのです。私の知る限り、最大の御大尽様が平林先生でした。

「もし、返せなくなったら、おさみちゃん、どうするの？」

真っ直ぐ私を見つめました。

「はい」。少し考えて、「大丈夫です。体で返します」

先生が紅くなって、少し狼狽えた。

「あらあらあら……」と奥へ消えました。

先生は「体で返す」を曲解したのでしょう。私は土方でも何でもして、返金しましょうと言ったつもり。今度は私が紅くなった。

結局、先生は三万円の祝金を下さり、門出を祝してくれ、後日父に手紙を寄越し、「あの子は行動的だから大丈夫、家を出しておやんなさい」と書いてくれました。

これが決め手となり、昭和三十三（一九五八）年六月二十日、私は千駄ヶ谷鳩森八幡神社近くに四帖半の部屋を見つけて独立しました。家出の成功です。

学費も、部屋代も何もかも、親を頼れない独立独歩の人生がスタートしたのです。

「世間は甘くない。負けたと思ったら、いつでも帰って来なさい」

これが父、久治郎が私を送り出す時の言葉だった。

「負けたら……」

負けず嫌いの私の性格を知っている父の、実に上手な引導の渡し方だったと思います。

十九歳の巣立ちでした。

石津謙介社長の生き方

家を出た最初の日、これは忘れる事の無い、寂寥感に襲われた日だ。

実に八方破れな出たところ勝負の私でも、わずかな家財を降ろして、父の工場のトラックが消え去った後に、私の身にまとわりついた孤独感は、拭っても拭いさる事は出来なかった。

もう二度と生家に戻る事は出来ないのだと思うと、淋しさがどっと身に積もってきた。あの時の淋しさったらなかった。

これ以上のものを、まだ体験していない。

花形敬さんの言う、心に家族がどうのこうのとかが浮かばない者だけが、やくざの世界で生きられるのだ。そしたら、私はやっぱりやくざには向いていない人間かもしれないと思った。

大田区東六郷は京浜急行なら雑色駅、国電の京浜東北線なら蒲田駅だ。そこから千駄ヶ谷の鳩森八幡神社の魚屋さんの二階に引っ越しただけなのに、何と言う情けない事だろう。涙が出て止まらないのだ。

生まれて初めて、身を捩って泣いた。泣いても泣いても、寂しさが押し寄せて来て、どっと泣き崩れる。放り込まれた蒲団や衣類の渦の中で、突っ伏して泣いていた。

気が付くと、辺りは薄暗くなっていた。また、ひとしきり初夏の夕暮時の賑わいが、逆に私の孤立を際立たせてくれて、敷布に顔を埋めた。

その時、階段に足音が響き、入口の開き戸がポンと開いた。

「やあ!」

親友の石津啓介は、一目でこっちのやり切れなさを察したらしい。

「家へ来ないか!」

そのまま四谷三栄町の石津家へ行き、しばらくこの部屋には戻らなかった。

これが昭和三十三年六月二十日の夜で、そこから堂々と石津家の居候を決め込むのだ。

「おいちゃん」とは、寅さんが柴又の帝釈天商店街の団子屋の親父に対する呼び方だが、私にも「おいちゃん」と呼ぶ人が居た。トラさんよりうんと前だもんね。

それがVAN（ヴァン）の創業者であり、若者達に小綺麗なファッションを流行させ、メンズファッションの最高デザイナーだった石津謙介社長です。

考えてみれば、私が真っ当な道を歩めたのは、この石津家の皆さんのお蔭でした。

昭和三十三年四月に大学へ入って、最初に仲良くなったのは、ジャーマン・ベーカリーの日本最高責任者の息子の菱谷君と、石津啓介でした。

二人共に家柄が良く、性格が大らかで、他人の悪口が大嫌いな男でした。私が明治大学で得た最高の幸運は、二人と知り合った事でした。

親友の石津啓介は、とにかく私などと違って、一口で言うなら「垢抜けた」男だった。

着ているシャツが赤と白のタータンチェックの半袖シャツで、白の綿パンは細かった。茶のコインローファーも粋で、「メンズクラブ」から抜け出てきた様な若者でした。

さて、居候の話に戻すと、最初に四谷の家で家族に紹介された時に気付いたが、名前が皆「介」だった。父上が謙介、長男が祥介、次男が祐介、そして啓介だった。

石津邸は、その頃やたらに建築雑誌に載ったモダンハウスで、当時にはめずらしいコンクリート打ちっぱなしの建造物だった。

建物にはドアは入口一つだけで、三人の息子の部屋も夫妻の部屋も仕切りがあるだけで、ドアは無かった。家全体が一つの入れ物であって、その中が衝立てで区切りされている変わった家だった。「おいちゃん」は、トイレもバスルームもドア無しを主張して止まなかったが、奥様や息子の抵抗に遭い、妥協したのだと言う。

きっちり家族分で建てられている家だから、私の身の置き処は無い。全ての人がベッドに入った後が私の部屋の出来上がる時で、広いリビングにある豪華なソファがベッドになる。冷蔵庫もコーヒーも電気も、勝手に自由に使ってよろしいと言われていた。

「只で住まうんだから、なべも気に掛けないように、一つ仕事やれ」

おいちゃんは私に命じました。それは録音テープを文章に起こして、出来上がったら愛宕にあった婦人画報社の「メンズクラブ」編集部に居る長男の祥介さんの元へ届ける役目。

「アイビーとは、そもそもが蔦の事です。アイビーリーグとは蔦の張るような旧い校舎を持つ、つまり旧い歴史を今につなぐ、伝統ある学校を意味します……」

おいちゃんの言葉を、辞書を片手に必死で文字にしたものでした。

学校が休みになると、啓介は松屋デパートの売り場へ、私は地下の倉庫係で仕分けや地方への発送の梱包をしたりした。少し塵にまみれる分、本来は仕事賃が高かったが、石津家に住み付いている身には、アルバイト料の要求は出来なかった。

「好きな衣類、一点あげよう」

おいちゃんの言葉で、私はダッフルコートを得た。九千八百円もする茶色の憧れの品であった。これは今でも娘が着ている。五十年以上も前の物なのに。十九歳で手にしたVANの商品は、七十六歳の私の衣類箱にも、まだまだたくさん息衝いて残存しているのです。

はっきり言うと、今の世に溢れている、安価で手頃な若者衣料の有名ブランドとの違いは、ここにある。何年も使える物なんてない。着捨て、はき捨てで終わり。

しかし、おいちゃんは「一生使える商品を創れ」と、号令していた。

この違いは、石津謙介のやくざな性格の内に流れる、経済人らしからぬけしからん血だ。

「採算度外視」の奇怪な行動力は、やっぱりやくざな血潮としか考えられない。

日本人の中にあるやくざ的な血脈は、決して馬鹿にしてはいけない。

と言うのは、一朝、事に当たっての決断は、この種族独特の潔さを発揮するのだ。

佐賀鍋島藩士・山本常朝による『葉隠』を学べば、やくざ道とて同じ精神であることが判る。

「武士道と云ふは、死ぬ事と見つけたり」

これが葉隠武士の精神だ。

武士は死ぬ事が大切だと言うのではない。生きてゆく道で、右へ行くか左へ行くか迷う事に出会った時の身の処し方を言っているのが、「死ぬ事」なのだ。

つまり、右へ行ったら恥辱にまみれた道だ、左へ行っても屈辱にさいなまれる道だとなった時に、武士たる者は躊躇なく腹を切る事が肝要であり、それが道だ、と言っているのだ。まさに決断の潔さを言うのだ。

例えば、大企業が事故の数々を隠蔽して国民を欺いている現実は、まったく武士的、否、やくざ的な心意気からすれば、我慢ならない腐り方でしかない。潔くないのだ。実に実に。今、そんな現実が至る所にあるのは、日本人的でないとしか思いようが無いのだが、どうでしょう。

そうか、明治・大正・昭和の時代にはこうした社会悪に対しては、俗に言うアウトロー的社会の人間が「天誅」として行動を起こしていたものだ。それを現代では恐れる余り、暴力団対策法（暴対法）の強化でやくざを締めつけているのか。結局、保身の術かな。

官僚が仕切る今の日本国家には、法を越えてアタックして来る族は、やくざしかいないと、官僚、政治家、企業は思ったんだね。それで「コンプライアンス」か！

ＶＡＮが倒産した時の石津のおいちゃんは、潔かった。何もかも放り出して、身一つになったものね。四の五の言っていなかった。

裸一貫起き上がった人でしたが、また、裸一貫から出直したものね。そして終生人生を楽しんでおられた。世間の多くのVAN党が最後まで支えたんだ。一人一人のVAN党が番頭になって死ぬ迄支えたんだ。嬉しいやね。どう見ても経営よりも、面白さの追求に一生を見ていた人だから、やはりアウトローだと、私は思っている。

ここからの学びは大きかったなあ。VANからの恩恵は会社が崩壊するまで続くのだが、上から下までVAN製品で過ごせた日々の幸せは格別だった。

「若い時よりも、歳のいった時、何ともセンスの良い年寄りだと言われる芸能人を目指しなさい」

長男の祥介さんに言われました。石津のおいちゃんも励まして下さり、デビューとなった昭和三十九（一九六四）年の春、これからは好きな商品を全て提供してやるから、好きに持って行けと約束してくれたのです。

親友の啓介は三十六歳で白血病により早世した。まがりなりにも芸能界で生きて居られる私の人生は、石津啓介とその一族から受けた稀有な恵みが、大きな力となっているのです。これも天の差配なのかなと、不信心者の私でも啓介の魂に感謝の手を合わせています。

「私をコメディアンにしてください」


事件が大きく報道されたのは、家出の直前のことでした。

石津家に行きながら学業に勤しむ、短くも楽しい期間の少し前の昭和三十三（一九五八）年の六月十二日。

「東洋郵船社長横井英樹氏、短銃で撃たれる」との朝刊の見出しに、驚きました。安藤組による襲撃とあったからでした。

安藤組の事件は大きく報道されました。

安藤組なら花形さんだ。

私には格別な思いがあったから、他人事（ひとごと）とは思えなかったのです。

私は運良く大学生になりましたが、大学へ行けと言ってくれた花形さんは追われていて、そして逮捕されました。

少し落ち着いた頃、私は矢も楯もたまらず、事件のあった現場だけでも見て来ようと、銀座に出掛けました。八丁目にあった第二千成ビル、八階だったと思う。エレベーターで降り、横井英樹氏の事務所の黒々とした鉄のドアを見て佇みました。それから階段を歩いて降りました。ゆっくりゆっくり降りて行き、はっと気が付くと、目の前の事務所の看板が飛び込んで来ました。

私はほとんど無意識でドアを開け、「御免下さーい！」と大声を出していました。ドアには「三木トリロー音楽事務所」と書かれていたのです。頭にすぐ、マツダ（東芝）三球スーパーラジオから流れていたＮＨＫラジオ「日曜娯楽版」が浮かびました。

「はーい、なーに？」

私のリズムで応えて、女性が現れました。

「ここで私を、コメディアンにしてくれませんか？」

大声で言うと、それに応えて女性が、「うへぇー！」と舌を出しました。

髪は短く切って、男髪スタイルの女性が続けた言葉は、これも後の自分に役立つのです。

「アンタ、役者になる程の美男子でもないし、喜劇人になる程変わった顔してないよ！」

一昨日おいでと追い出されて、入口の表札を改めて見た。「音楽工房」「冗談工房」「作詞工房」とあり、「三芸社」と書かれていました。

次の日、私は少々の扮装をし、玩具の近眼鏡を掛けてアタックしました。

「アンタ、目が悪いの？」

依田緑という女史、前日に舌を出した人です。

「いえ」

「馬鹿ね、そんなんでデビューしたら、一生ど近眼でいなきゃならないじゃない！」

追い返されました。

八階で起こった事件の当事者は、片や病院で必死の時です。片や安藤組長は逃亡で必死のはず。二階下の場所で、私も必死だった。いきがかりとはいえ、簡単に引き下がるわけにいかない気がして。

東京温泉も間近だし、私も自分の庭場のように遊んで来た銀座で、軽くあしらわれたとあっては、十歳からの経歴が泣くと、正直そう思ったから、一暴れ覚悟で三日目もトライしたのです。

「御免下さーい！」

入口で怒鳴るとすぐに女傑が出て来て、

「あら、アンタ！」

知った顔に声を掛ける気軽さで笑って応対してくれた。こっちは気勢をそがれて、次の言葉が出ずに居ると、一番奥のドアが開いて、写真で見馴れたトリロー御大が現れた。

「君か！　こっちおいで！」

君か！　って事は、昨日も一昨日も無駄ではなかったって事だ。女史が案内してくれて、私は三木鶏郎先生の前に立った。

「君、うちじゃもうコメディアンは育てないんだよ。育つと皆出て行っちゃうからね。それより君、本当になりたいんなら、本が読めないと駄目さ。それには書くのがいいんだ。僕がお題をやるから、それでコントを書いてみないか。書いたら持って来なさい」

緑さんが手際良く、コント番組のラジオ台本を持って来た。紙袋を手渡され、外へ出てから見ると、「夜泣きそば」「物干し台」「海水浴」のお題が書かれた紙と、原稿用紙と台本が入っていた。台本を参考に、試し書きをして来いという事だった。

　この夜、夢中でコントを書いた。二冊の原稿用紙を全部使って仕上げ、翌日の午後、第二千成ビルに向かった。その日の新聞にも、安藤昇親分は逃亡中とあった。

　エレベーターで八階まで上がると、事件現場は真っ暗で灯が消えていた。

　そのまま下って冗談工房に顔を出すと、御大が驚いた。分厚い私の書き物に素早く目を通して下さった。次に顔を上げて言った言葉は、意外だった。

「なってないが、なるな、君は！　よし……」

　そう言って原稿用紙に書いたものを、私に手渡した。

「君に奨学金を出してやろう。そこへ水曜日の午後四時に行きなさい。この書いたコントを持って行って、指導を受けなさい。指導料は私が出してやろう。それが奨学金だぞ、頑張れ！」

　瓢簞(ひょうたん)から駒ってやつだ。どうも私の人生は、この駒を拾って生きてる気がする。

　花形さんの行状を偲びに行って、トリロー御大から思わぬ扱いを受ける事になろうとは。

「御免下さい」と訪ねた四谷のアパートから、私のコント書きは始まるのだ。

私を迎えて、添削、指導をして下さった人は阿木由紀夫（あきゆきお）さんと言った。黒眼鏡を掛けたこの人から、六ヵ月の手解（てほど）きを受けたが、この人がのちの直木賞作家、野坂昭如さんなのだ。

大学入学から二ヵ月少しの短期間に、どっと凝縮された幾つもの要素があった。どれを取っても全てが、後々の己の人生構築に不可欠の礎（いしずえ）をつくってくれた出来事だと思う。

安藤昇さんと花形敬さん

私が花形さんの匂いを浸りに行って、トリロー事務所に釘付けされたのも、後年、安藤昇さんに映画づくりで監修して頂ける御縁を得るのも、敬さんの魂の為せる業（わざ）かもしれません。天の為せる業かなあ……否、天が花形さんを動かして……。

私みたいなガキでも、昭和三十年頃の「安藤組」の威光は、身に染みていたものです。

私の育った蒲田では、駅を中心として東口は東声会、西口は稲川組が仕切っておりました。そして、大井の東声会、渋谷の安藤組、そして銀座の住吉会系の大日本興行が不良っぽい少年の心を捉えておりました。

昭和二十七（一九五二）年、渋谷区宇田川町に「東興業」の看板を上げたのが安藤組のスタートです。幹部十三名、準幹部二十六名。

株式会社として登記され、安藤組長は、「社長」と呼ばれました。組員への制約は厳しかったそうです。麻薬の売買や使用を禁じました。他にも日頃のドスの携帯、刺青、指詰めを禁じています。

幹部クラスの高学歴は驚異です。安藤さんが法政大学で、明大・日大・立教・専修・国士舘・国学院・神奈川・電通（電気通信大ですから）などの大学出身者に加えて、現役大学生が丸にAの文字をあしらったバッジを求めて集まっています。初め三百個つくりましたが、すぐに不足となり追加発注して五百を超えたそうです。

花形敬さんが安藤昇さんの舎弟（しゃてい）となったのは、昭和二十五（一九五〇）年の二十歳の時でした。以来、昭和三十八（一九六三）年九月二十七日、夜半近くに刺殺される時まで、花形敬さんは安藤組の大幹部として、安藤組長服役中は組長代理で牽引していたのです。「日本一のステゴロ」と謳われた喧嘩の達人でした。ステゴロとは武器を持たぬ素手での喧嘩をいいます。

花形敬さんが亡くなった時、私は一本立ち直前でハナ肇の付人でした。翌年、東京オリンピックの年に、私はデビュー致しました。

花形さんに大学への道を歩かされてから、今では半世紀以上の月日が流れました。

安藤昇さんには格別の思いを持つのも、花形さんのインパクトが強いためでしょう。それに加えて、私が昔から仲良くしている明治大学の後輩の海老澤信さんが、安藤昇さんの秘書をしてくれているのです。伝説の銀座の近代派やくざ、大日本興行初代会長・高橋輝男さんの兄弟分だった海老澤裕一郎さんの息子さんですから、酸いも甘いも嚙み分けて、今では安藤さんと一心同体となって生きてくれています。

これも花形さんのお引き合わせかなと、つい思ってしまう私です。だって蟹さんは、戦後のやくざ界に新風を吹き込んで逝った、高橋輝男さんの縁に繋がる人でしたし、何処までも輪は結ばれていると感じずにはいられません。

アウトローが集うトリロー事務所

昭和二十一（一九四六）年一月に始まり、三木鶏郎先生が出演したＮＨＫラジオの「歌の新聞」は、ＧＨＱ民間情報教育局（ＣＩＥ）の圧力で、半年で中止になっています。

風刺が効き過ぎていて、睨まれてしまったのでしょう。ＧＨＱは連合国軍総司令部です。ここが占領軍の本丸ですから、日本人にとっての「お上」でありました。お上から「止めィ！」と宣告されるなんていうのはアウトロー的人間でしょう。やくざです、やっぱり。どうも私はやくざな人間に好かれます。

でも私自身が、ＤＮＡ的に、同じ匂いを嗅ぎ取って心が和むのです。

鶏郎親分にも、中学時代に魅了され、自分の家の会社にガリ版印刷機があったので、一生懸命ネタをつくり、「冗談新聞」なんて発行し学校の門前で配ったもんでした。

「歌の新聞」に代わって、昭和二十二（一九四七）年十月から始まったＮＨＫラジオ

「日曜娯楽版」を、子供の私はラジオにしがみついて夢中で聴いて育っていたからです。

その中の「冗談音楽」は、国民から爆発的な人気を博しました。世相風刺番組は、敗戦で萎えていた日本国民に痛快な気分を与え、聴取率六五パーセントを記録しております。昭和二十九（一九五四）年には日本政府の圧力で、八年半続いた番組は中止の憂き目を見ます。

この国民的支持を受けた名番組の作り手が、三木鶏郎御大です。私は国民的支持者の一人だったのです。小学生低学年でですぞ。

今でも記憶しているコントがあります。

A　徳田球一とかけて

B　何と解く？

A　名投手と解きます。

B　その心は？

A　直ぐ、ストライキ！

三木鶏郎さんは、私が芸能界で最初に出会う奇跡の恩人だ。とにかく誠に押しつけがましいトライから得た、入門許可だった。

正直、私はやくざの事件現場を見学に行って、偶然発見した放送作家の本拠地に潜り込んでしまったのだが、どっこい、ここも少々の違いはあれ、やくざな連中の本部事務所だったと思えるのです。

喜劇役者は三木のり平や丹下キヨ子など綺羅星の如く居たのだが、私の目にするコメディアンは、無名だった左とん平さんと逗子とんぼさんだけだった。

御大と呼ばれるには家来が必要だ。御大の元には人が群れて来た。皆新しい笑いを求めて集まって来たのだ。終戦直後の事だ。

三木のり平、丹下キヨ子、河井坊茶、千葉信男、小野田勇、神吉(かんき)拓郎、阿木由紀夫、永六輔、五木寛之、神津善行、いずみたく達。この他にも、三木鮎郎、キノトール、作詞家で大成する吉岡治などがうじゃまんといた。私のコレクションの中に昭和二十四年八月末の日劇のパンフがある。御大以下全員出演の「冗談大当り」だ。この一年後の夏、私は日劇で魅了されるわけだ。

しかし、成程御大の言われる如く、皆さんは名を上げると、トリロー事務所から離れていった。こんなところも、それぞれがやくざな気性故かもしれない。私が首を突っ込んだ昭和三十三（一九五八）年の時点で、事務所に役者の売れっ子は皆無で、放送作家として売り出し中の永六輔さんが筆頭だった。中村八大さんとコンビを組んだ流行歌での作詞が、ヒット曲によって名を為さしめていて、断然たるトップだった。無名時代の岸洋子がいたが。

当時この事務所に所属した書き手は、何百人と居た。下は学生から、上は立派な会社に勤務する者、完全に書き物一本で生活する者など多種多様だった。

ところが書き出して直ぐ気が付いた事がある。トリロー事務所の何百何十という書き手には、給料だとかの身分的保障は一切ない。

集い、定められた「御題」で、コントを書いて提出するだけで、業務は無い。フリーなのだ。

言ってみれば、一つの番組に使われるコントを書いて、良ければ使ってもらえ、面白くなければ選ばれはしないってわけ。使ってもらえたコントは一編に対して、定められた金額が支払われるシステム。ただし、どんなに選出されようが個人の名前は出ない。一つのテーマに対して、何百ものコントが提出され、そこから一つのコントが採用されるのだ。

だから、面白くない作品を幾ら書いたって、一銭にもなりはしない。アイデアやギャグの閃きに特別の才が無いと、只居るだけの人間になってしまう。

それぞれ、癖の多い人間ばかりで、個性も強い。癖があるから曲者（くせもの）なんだと思った。

この集団も、やっぱりアウトロー的な者の安堵する場所であった気がする。つまり、一定の規律では息苦しくて生きられない人間の寄せ場なのだ。幾らテレビ局やラジオ放送局が一般的な会社だと言っても、デスクワークの人間ではない現場の人間は、皆アウトロー的血族ばかりだった気がする。逆に芸能的仕事は、そうした人間じゃないと務まらない稼業だけどね。ね、ＮＨＫさん？

御大の元に集まった三木のり平、丹下キヨ子、河井坊茶や千葉信男も、売れていって、他へ飛んで行った。

飛んで行きたくても行けない者が残った。

逗子とんぼさんや左とん平さんは、まだ羽の生えていない飛ぶ前の時で、私なんかは事務所でよく会った。

「あら、とんちゃん、またバンス？」と、優しい叱責。

何時会っても左さんはバンス（前払い）だった。それを何度も見聞きしつつ喜劇役者とは、食っていけない職業なんだなと、思わざるをえなかった。

「はい、バンスですぅーっ！」

あっけらかんとした性格は変わらない。

「皆博打に使っちゃうんだから」

「ねっ！」「ねじゃないでしょう！」「へ？」「……！」

「来週まで持たないのよ。で、左とん平変じて、左まえとん平！」

御大の片腕、依田緑女史は、アウトロー達の母親兼、姉御兼、教育係兼、憧れの恋人であった。とん平さんも私も同時に焦(こが)れた。

私の人生で、これほど小股の切れ上がった女は見た事ない。この女(ひと)に愛(め)でられたら、男は皆出世をすると、門下の者は噂し合っていた。

「一は御大さ。二は永さんだね。三番目が阿木さんで、今は……？」

先輩の言葉に、ぐっと身を乗り出した。田村映美(はるみ)さんは後に、クイズ番組をテレビに編み出し、クイズ番組構成王になる。銀座の「クラブ順子」の順子ママは、田村さんの実妹で、私は店前でぶらぶらしていて、出勤する姿に見惚れたものだ。勿論、皆でだ。

流石に銀座の店への出入りは叶わなかったから、親しくなる者は皆無だった。

三木トリロー御大には、本当に可愛がってもらったなあ。

天才・野坂昭如さんの想い出

私は御大の出してくれる奨学金的な支えに依って、阿木由紀夫（昭如からつくったペンネーム）さんのアパートに六ヵ月通った。

毎週水曜の午後四時だった。

「おう、上がれ上がれ。ずーっと上がれったって、すぐ壁だ！」

永六輔さんに先を越されて、忸怩たる思いだったはずの昭和三十三（一九五八）年だったが、この人は天性がいい加減な人間らしく、実に無頓着で天真爛漫な方だった。私が書いてきたコントを前にして、てんで添削などしてくれず、話は与太ばっかりで二時間が過ぎた。

「俺が早稲田の学生の時に、何をしたかと言うと勉強なんかじゃない！　起業だね！」

起業はアイデアが勝負です。アイデアの源は巷（ちまた）にあります。ごろごろ巷に落ちておりますが、人々は気が付かないのです。これは阿木さんの語りです。

この人、人前では余り話しません。何故かと言うと、映画『英国王のスピーチ』であるからです。映画嫌いな人のために親切しちゃうと、吃音（きつおん）気味……えーい、吃（ども）るんです。吃りってやつ。それで相手に顔見られて見透かされるのが恐くて、臆病にも黒眼鏡を掛けていた。私と話していたって外さないから、私は後のテリー伊藤やタモリのように、少し眼がひんがら目なのかと思っていた。

ところが阿木さんは実に美男子でした。女傑依田嬢がメロメロになって肩入れして、「良い仕事は一番に阿木さんに卸すんだ」という評判を呼んだくらい美丈夫でした。

それに、育ちが良い、新潟県副知事の息子だとかの風聞が入っておりました。その人が、

「アイデアなんてのは、思い付きだよ。そんなものは、そこらの道に幾らでも落ち

てんのさ。それを踏んづけて歩いちまっちゃ只の人でね、拾えばいいんだ。拾ってはたいて、よく見るんだよ」

黒眼鏡の奥の目が光り出していた。

「そこに浮かんできた字は！」

私は息を呑み、次の言葉を待つ。掌中の珠(たま)の泥を払い、じーっと見るパントマイム。

「デーデーテーだ！」

「？」

「デーデーテーだよ！」

「？」

焦れったそうに、卓上の原稿用紙に赤鉛筆でＤＤＴと書いた。ディーディーティー、粉末殺虫剤だ。ディーディーと言うと、ど、どもるんだろな。で、デーデー。

「ＤＤＴと読めて、それで決めたんだぞ！」

何を決めたのだろうか。

「ここでコマーシャルだね」

業界人らしい面を見せておいて、一気に話しまくる。吃りも適度にあるが、『次郎長三国志』で森繁久彌の森の石松に親しんでいた身には、何てことはない。

阿木さんは、銀座に一部屋借りたそうだ。真ん中をカーテンで仕切って、社長自らが、うどん粉に少量のＤＤＴ（殺虫剤）をセメント袋の中で混ぜた。二の腕が、そのうちに真っ赤に爛れちまったから同輩に学生服脱がせて背広着させて、副社長として雇った。正式には服社長だ。二人で掻き混ぜて、掻き混ぜて、混ぜまくった。そうして学生アルバイトを募集して、一気に売りに行かせた。一升枡一パイ五十円で。学生と折半だもんだから、野郎ども張り切ってねと、阿木さんも張り切った。

「いいか、なべ君！　商売で一番大事なのは……」と、冷えたお茶を啜った。

「ここでコマーシャル？」と、私。

「入れない！　これ、ＮＨＫ！」

参った！　この人は天才だった。

「一番大切な事はね、第一声の文句だよ。これを啖呵と言うんだが、これで商売が上手くいくか駄目になるかが決まっちゃうね」

「へーえ、啖呵」

「DDT売りの学生には、こう言わしたんです」

御免下さーいと訪ねて、アパートのドアが開いたら、すかさず、

「お宅は何帖ですか？」

と、有無を言わさず相手の眼を見て言う。この呼吸が最も大切だと、力説した。

(相手が黒眼鏡掛けてたら？　って言おうとしたが言わなかった)

「八帖です」

「では四升ですね」

と言っている時にはもう新聞紙を広げていて、さっと四升を空けてしまい、

「二百円です」

と頂戴もくださいも言わない。「これ、呼吸です」。二百円です。「嫌なら嫌でいいのですよ」が存外にある。押し売りじゃないように考えての文句だ。ペテンが良いって云うか、いやはや。

これで絶対に否は無かったそうだ。

GHQが撤退する昭和二十七（一九五二）年頃までは、駅を降りて来ると強制的に

襟首をつかまれて、ノズルを差し込まれ、背中にDDTを吹き付けられたものだったから、誰も怪しむ者はいなかったそうだ。GHQなり東京都なり保健所なりが強制的に蚤(のみ)、虱(しらみ)、ダニの駆除に乗り出していると勝手に理解され、

「本当に御苦労様です」

と送り出されたのだと言う。

阿木さんはその後は毎晩、銀座で豪遊だったそうだ。私がアパートに通った頃は少し真面目に生きていたから、銀座で飲むのを我慢していた時期だ。すぐに直木賞作家になって虫が騒ぎ出し、「順子」や「姫」の良い客になっていくのだが。

「おお、待ってたよ!」

DDTが終わって、稼ぎの金が消え、新宿辺りの文士風や新劇風の人間が溜る「どん底」辺りで飲んでいたら、突如アイデアの神様が降臨した話が始まった。

まだ小さな上がり口で靴も脱いでない私に語り出した。よくよく孤独だったんだろう。

「BARなんかで、壁に貼ってあんだろ、〝貸し売りお断り〟って札さ!」

あれつくって売ったのさと、眼が爛爛と輝いていたと思う。黒眼鏡が黒すぎて見えなかったが。

「潰れそうな板金屋と掛けあって、安くつくったのさ。オレの凄いとこは、行動に移すべき秀逸なアイデアが浮かんでくるとこさ。この時は〝その筋のお達しにより〟って文句が見えて来たのが成功の元さ」

どんなもんだいと、こんな時の阿木さんは子供のように邪気が無い。

元元がいい加減を絵に描いたような人なのだろう。この頃までの生活は、きっと人生で最高に楽しかったはずだ。私みたいな半ちくでも、手塩に掛けて下さった。名馬喰の手から塩を舐めさせてもらえば、私なんかの駄馬でも勇む。

阿木から野坂昭如の本名に戻って、功なり名遂げた身で、大島渚さんのパーティーで、ポカリの乱闘事件なんか、雀百までだ。文才に欠けていたらやくざしかなかったかも。

永さんは坊さんになっていたかな。生家がお寺だから。偉い坊さまになっていたと思うなあ。

「〝その筋のお達しにより〟と、小さく浮かして、〝貸し売りお断り〟ってブリキ板、バンバンつくらせたんだ」

さて、売り子の第一声が気になる。今回はどう出るのか。まさか、この店は何坪ですか？　はないだろう。

「で、例によってバイトの学生だ。二百円の半分百円をやるって言ったから、集まる集まる。事務所は例によって半分はカーテンで仕切ってあって、こっちは学生がわんさか、むこうはプレートがわんさか」

さて、と言って、黙りました。私は息もせず次の言葉を待ったが、なかなか出て来ない。恐る恐る聞いてみた。

「例によってコマーシャルですか？」

「バカ！　停電！」

ラジオ「トリローサンドイッチ」なら、ここで、ジャンジャンと、コンマが入る。このコンマをピアノで弾いていたのが桜井千里さん。後のクレージーキャッツの桜井センリさん。トリロー時代は禿げてたのに、クレージーに来たらフサフサしていたのには驚いた。で、クレージーで、カツラ見抜いてハナさんに進言したのは私。旅に出ると桜井さんは合部屋は駄目ですからね……と。

「売り手は、まずバーに入って、マスターに言う。『その筋から参りました。二百円です』これだけ。相手は勝手にその筋を考える。警察かな。この辺を仕切るあそこの組からかな。飲食組合からかな？　相手なりの都合で考える。勝手に考えるのは相手の勝手。こっちが何処と言えば詐欺行為になるが、そうは言ってない。ここがミソだな。俺のここだね」と、黒眼鏡は頭を指で突っついた。良かった！　文才があって。無い日にゃ詐欺師の頭目だね。銀行の初任給が六千円だのに、日に万の収入。

「これも儲かったね！」

と笑った。儲かったならもう少し程度の良いアパートに住めそうなもんだが、パーッと派手に遊んで終わったのだろう。やくざな血だね。

元来がチマチマやるような人間達が入って来る世界じゃないんだから、それはそれで納得した。それにしても「その筋のお達しにより――貸し売りお断り」のプレートはアイデアだ。その上、その売り方の妙はこっちの心に深く入り込んで私を捉えて離さなかった。

これが、なんと、飛び出して自活を始めた私に、ただならぬ救援の手を差し伸べてくれる事になるのだ。これも天の救いかな？　とにもかくにも……とにかく書く。

これこそが御大から私に与えられた、最大の因果だと思っている。

それは……。

臭い物ほど身を助ける

家を出た十九歳の私が幾らコントを書きまくっても、稼ぎは高が知れたものでした。ですから、頭の中には常に月月の部屋代とか、食事代、さらには大学の授業料が渦巻いていたのです。

私が部屋を借りた場所は、千駄ヶ谷でした。ここは隣接する代々木、原宿と肩を並べた、日本最高級連れ込み宿ホテル地帯でした。大卒の初任給が九千二百円の時代に、一泊一万円の部屋が幾らでもあるのです。

その一角の四帖半で、ラジオの構成台本なんか書いてると、旅館の玄関がチリリンと鳴って、女中さんの声が聞こえてくるんです。

「あら御免なさい！　お部屋ふさがってしまったんですよ！」

開け放した窓から風は届かず、他人の色事が手に取るように入ってくる。汗かいて頭をひねってる時、すぐ横の温泉マークじゃ身を捩って汗かいてる奴もいる。

その時、手にした古雑誌に載ってる、インチキっぽい広告が目に入りました。

「便器を光らすキンピカール！」

この時、まさにこの時、野坂昭如さんの言葉が飛んで来たのです。

アイデアが浮かんで来たのです。翌日からその具現化です。ＶＡＮの意匠室へ行って、くろすとしゆきさんに頼んで、東京都の紋章に似たマーク入り腕章をフェルトでつくってもらうや、キンピカールの三鷹の製造工場へと出掛けました。実行です。

何しろ、最初の「第一声」が大事だと教え込まれてましたから、

「この製品は広告通りの効能ですか！」

と、少々威圧的に。台本は全て頭の中にあり、後は度胸と演技力。

相手は腕章を見て、東京都の厚生課か保健課の抜き打ち検査かと、これは勝手に思うわけ。又は保健所かと。

そうして検査の為にと手に入れた薬品を大切に持って、私は代々木の高級ホテルの裏口へ。

出て来た女中さんに、一言。

「おトイレ拝見に来ました」

えらいこっちゃ、保健所の衛生検査だと、早合点してくれて、女将さんを呼びに走る。全てが長靴とポリバケツと野球帽と腕章のお蔭なのだ。恰好悪いが恰好で好判断されたのだ。

案内された便所で第一声、これも考えに考えた必殺技だった。野坂さんのお蔭です。

「汚いですね。ここから伝染病でも発生したらどうします？　最低三ヵ月の営業停止、もしくは永遠に停止の店も多々出ております」

これを立て板に水で。吃っちゃならぬ。

相手は皆、「あらあら、よく言ってるんですけど……」と女中さんのせいにして恐縮する。水商売は保健所が苦手なのだ。お上に弱いのがこうした稼業の常套なのだが、お上は保健所だ。

お上の私は女将をさがらせて、それからは男子トイレの便器と取っ組み合う。並んだ小便器の真ん中一つを、一時間程掛けて磨き上げるのだ。

するとどうだ、両方の便器が真っ黄色に見えて、真ん中が真っ白く輝き出す。

ここで呼び込んで、

「こうして清潔を保って下さい。では、お邪魔致しました」

と帰ろうとする私の手の中に、素早くチリ紙に包んだチップが……。二千円だ。

そこで平然と、持って来たキンピカールを二本差し出すのだ。

「これでやれば如何ですか」

「一寸、お待ちを！」

で、また二千円で、四千円。これっぽっちも「くれ」なんて言ってない野坂流免許皆伝。

外に出たら、汗だく。でも大成功で味をしめ、ボーヤ時代も含めて、千駄ヶ谷生活は何かと言えば攻めまくって、便器掃除に明け暮れた。下宿代も学費も何もかも、野坂昭如先生の下さったヒントからの実行で賄ったのです。

胡散臭い話ですが、シモジモの話の真実です。

大学を便器磨き一筋で出た者って、そう居ないと思ってますよ、私は。だから色々、水に流してね！

第二章　渡辺プロ黄金時代

水原弘　渡辺晋　盛田昭夫　松園尚巳　北島三郎　里見浩太朗
勝新太郎　若山富三郎　森下泰　森進一　ザ・ピーナッツ　ハナ肇
いかりや長介　布施明　加賀まりこ　伊東ゆかり　大原麗子
中村玉緒　犬塚稔　市川雷蔵　長谷川一夫　石原裕次郎　美空ひばり
火野正平　井澤健　山田洋次　森繁久彌

渡辺プロ移籍を決めた勘違い

昭和三十五（一九六〇）年の春に、瓢箪から駒で、私は水原弘の付人になった。

「マナセプロを辞めて渡辺プロに行くから、俺と一緒に青雲の志を抱けよ」

第一回日本レコード大賞受賞の人気歌手から、そう誘われて、心は揺れた。

独立独歩の生活が、ラジオ番組の構成などで、やっと一息つけるところまで来ていた時だ。しかし仕事が入れば入るほど、喜劇役者になろうとする道が遠のいている時でもあった。

最も江戸っ子が嫌う所作である金銭の高を、この時ばかりは死ぬ思いで声にしたのを覚えている。それきり自分から自分を値段で売る事をしていないから、忘れてはいないのだ。

「きゅうげつは幾ら下さる……」

月給は？　という意味のバンド言葉だ。人に判らせたくない時のバンド仲間の隠語だ。「月給は幾ら下さるんですか」と、目の前の大スターに聞くのは、はばかられたし、気後れもあった。少しは。

幾らだよと言う代わりに、お水さんは私の目の前にすーっと片手を伸ばし、広げた五本の指から親指だけを折り曲げた。目の前に大きな四本の指が輝いていた。

私は瞬間に肚を決めた。でもこの時少々あがっていて、瓢箪から出た駒が裏返っていたのを見逃していたんだなあ。まさかその駒が金で裏が真実だったのを……。

目の前の手が一本の線になって、私に近づいて来ていた。私も意を察し、右手を差し出した。二つの手がしっかり握られて、ここに師と弟子の縦の関係が樹立した。


渡辺晋社長はこの話が好きで、後日、銀座のクラブ「姫」へ呼び出されては、よく話をさせられました。その席には、ソニーの盛田昭夫社長さんだったり、ヤクルトの松園尚巳社長さんだったりが居たのでした。この話は、直情径行の若者を端的に表していて、皆が喜ぶのです。つまり失敗談だから。

こうした人達も渡辺社長との親交で、キュウゲツ、セーミ（店）、ナオン（女）、ドンバ（バンド）などのベシャリ（喋り）を面白がって覚えておりました。

「エフ万か！」

大ソニーの大社長が発した。

「エフ万だな!」

ヤクルト球団オーナーも、隠語を手中にしていた。

水原弘の付人になる頃、私は順調に仕事が増えていて、ラジオ番組の構成や「冗談工房」のコント書きに追われる毎日だったのだ。そして月に稼げるのが一万五千円ぐらいで、四帖半のアパート代四千五百円は払えていた。遊び代こそ無かったが、支払いにきゅうきゅうする事が無くなっていたのです。

ですから、水原弘さんに誘われて、付人になって、四万の月収ならば、やっと余裕が出来るなと正直思いました。

「エフ万は大金だぞ、ナベ!」

社長は知っていながら、私を乗せるのです。

結局、四本の指は四千円でした。

勝手に四万円と思ってしまった私ですから、この世界に潜り込んだそもそもから勘違いと早とちりの大失敗だったので、私の芸能界生活は案の定、順風満帆などは何処吹く風の連続となるわけです。

「四千円！　部屋が月四千五百円ですから、いきなり五百円の赤字でした！」

「赤字花びら！」

渡辺晋という人は、人を喜ばせ楽しませるのがエンターテイナーで、エンターテインメントはこれを旨とすべしの信念を持っていました。私はこれを「晋念」だと考えていました。水原弘が「黒い花びら」で風靡していた時代に、「赤字花びら！」と発せる人でした。

「目の前が真っ暗になりました！」

「暗い花びら！」

ここまで来ると、ソニーの御大だって負けていません。私も「そうにィー！」とやりました。

「頭が真っ白になりました！」

「白い花びら！」

これにはホステスさんまでが同時に発して、一同がどっと笑いに包まれる。金の裏も白かったんだよね。

渡辺晋社長のカッパ笑いが一際高く、「ケッケケッケッ！」との間に、

「では、私は散りましょう」

と消える。消え方を社長は愛でる。

これがパターン！

付人というのは、最下層のランクです。芸能界の中へ入れてもらうための見習期間にしかすぎません。どれだけ務めれば上に行けるのか等の保証なんて、まったくありません。

無駄に過ごせば無意味だし、先を急げば誰も喜んではくれません。自分で道を付けるしか方法は無いと、一年もすれば判ります。

歌手になりたい者、役者になりたい人、後年はタレントになりたいと言う若者が増えましたが、各人が自分の望む道を切り開くしか手はありません。付いた主人がビッグであろうとなかろうと、決してビッグチャンスなんて与えてはくれないのです。それが証拠に、大俳優や大歌手のもとから、有名スターが誕生していますか？　それが実状です。

私も弟子を持つようになって判った事です。気の利かない付人は何とか指導して、助けになるように育てるのですが、育ってくると便利で手放せないのです。そこまでに二年とか三年の月日が掛かります。

若者も飼い殺されてはたまらんと、この辺で転身を考えるのです。天下の分け目は、付人の間にどんな人に会っていくかに運命が掛かっていると、私は思っています。それは、はっきり言って主人よりも周囲の人間の方が認めてくれるという事実です。

私は付人を五年間経験して、デビューしたのですが、実に素晴らしい人々に出会っていきました。これは私の生きている上で、常に現れる「本物」との出会いです。

それは私への贈り物だと思いつつ、天に向かってこう願ってしまう私です。

「天よ！　もう少し稼がせて下さいな！」

これで何時も神様からそっぽを向かれているんでしょうね。

「切磋琢磨（せっさたくま）だろ！　あーん、なべ！」

渡辺社長の十八番が聞こえてきそうだ。あーあ、まだまだだよなあ。

水原弘の付人初日

水原弘との口約束で、身の振り方を決めてしまった昭和三十五（一九六〇）年の四月、次の日は旅でした。

待ち合わせは午後一時の東京駅発、特別急行列車つばめの一等車乗り口のホームです。いよいよ本格的に劇場の幕内に入り込んだような達成感で、早い時間から待ちました。わくわくと。

この世界では時間にルーズな人間は命取りです。かなりせっかちがよろしい。列車のスケジュールと同じで、寸分の狂いもないのを良しとします。

しかし、そうした下積みが永く、苦労して来た者に限って、出世すると撮影時間や開始時間を守らない大物が時々居ます。よく見ていると、わざと遅く出て来て、それでも文句を言わせない人間に俺はなったんだぞと、まるで自分に言い聞かせ確認しているようだと判ります。器の大きい人に、これはありません。本当にみみっちい根性だなと、何時も思わされました。

それと、遅刻の原因は酒です。性格的に弱い人ほど、酒の力を借ります。酒好きでも、性格のしっかりした人は居るには居ますが、歳を取った時に差が出ます。皆身体を壊してしまい、昔日（せきじつ）の面影を失くして逝去していくのを、何人も見てきました。飲まないでいられたら、どんだけ元気に活躍出来たろうかなと、他人事ながら残念に思います。身の内に律する意志が少し欠けただけで、人間は時間すら守れなくなるのです。残存するアルコールがなせる業です。

付人になると決めた日、マネイジャーの梶浦さんから、時間厳守を強く申し渡されました。「カジさん」と私が呼んだこの先輩は、私にとって救いの神みたいな人で、おやじに叱られて気落ちしていると、さりげなく帰りに「そばでも食って帰れよ！」と、千円くれました。叱られる度にです。三年付いていて十万円ぐらい頂きましたから、さて、何回怒られたのでしょうかね。

さて、私は生まれて初めてつばめに乗り込みました。この年、六月から新型になり東京～大阪が六時間半となりますが、この時は七時間半でした。座席は水原は一等車で、カジさんと私は三等車の一般席です。

初めて食堂車に行った時のことです。メニューを見て、水原弘は「うな重」と決めました。私もすかさず「うな重！」と言うか言わないかの間に、私の足の上にカジさんの靴がドスンと踏み降ろされました。

「カレーライスだろ？　カレー二つね！」

瞬間に悟らされました。この世界では、絶対に主人と同じ物を食べてはならないって事を。ボーイが去って、食事が出て来る間が、実に静かでいたたまれません。

しかし、やがて、私は切り出しました。

「先生、大変すみませんが、前借りさせて頂けませんか？」

私は実に丁寧に頼んだつもりでした。

水原弘の大きな目が、さらに開いて大きくなり、私から隣のカジさんへ移りました。

「幾らスーバンしたいんだ？」

「……？」

「幾ら借りたいんだって言ってんだよ」

バンスはアドバンスで、水商売の人間が使う前金、前払い、前借りのことだと知ってはいたが、バンスがバンド言葉になると「スーバン」になるとは、初めて知りました。

前日に、月給四万円だと知らされた四本指がしっかり頭にあったから、印象を悪くしないようにと考えて半分だけ頼もうと、「二万円」と答えました。

水原の目がカジさんから私に帰って来て、また、カジさんに戻った。

「かっ！　参った。カジよ、付いたその日に五ヵ月分のバンスだとよ！」

カジさんの小さい声が聞こえた。

「バカかお前！」

二万円が五ヵ月分だと言われて、数学の弱い私は、自分がこれから一ヵ月幾らで働くのかが判らなくなった。算数が一番苦手だもんね。

カレーライスが出てきた時、やっと四本の指の一本が千円だと理解出来た。蟹さんの両手だ。目の前が真っ暗になった。先の「暗い花びら」の話です。これは後のお笑い話ですが。

この時に脳裏を掠(かす)めた、部屋代四千五百円の恐怖は忘れられない。水原に付いたその日から、部屋代が五百円不足となったのだから。

どうやって生活したら良いのかという考えが頭に渦巻いて、こんな味気ないカレーライスを食べたことないほど自失していた。

「バカか！　お前は！」

自分の心で呟いて、私の付人第一日目が始まった。

あれ以来、七十六歳の今日まで、まだ人生を勘違いしたまま突っ走っていて、

「バカかお前！」

「ハイ、当たってます！」

なので、あります。

「なべおさみ」誕生

列車の中では、水原弘から「先生と呼ぶのはやめてくれ！」と頼まれた。

何と呼ぶのかは自分で決めろとも言われた。周りの人は「お水さん」と呼んでいたが、私は師弟となった以上、そうは言えないと思っていた。

それで、「おやじさん」に決めた。

芸能界で「おやじ」という敬語を定着させたのは、私だと思う。やくざの世界にあった言い方だったが、そんなやくざっぽい呼ばれ方で満足する大物はいなかったのだと思います。が、そこが人間の機微なのですって。

京都大映では、撮影所の下働きのおばちゃんの呼び方が、手っ取り早い勉強となった。


「先生」「せんせ」と発音されるのは、最強の敬語であった。

「なになにはん」が敬語。

「なにちゃん」は一般の便宜語だ。

「あんた」は私の呼ばれ方。相当に見下した思いが含まれていた。

何年か経って、私が映画出演でまた京都大映に出掛けた時の事。まだ若い駆け出しだったが、売ってる盛りだったからか、「あんた」と呼んでた楽屋のおばちゃんが
「先生、せんせ」と呼んでくれた。

「せんせ」にも格があるのだなと察した。

「長谷川（一夫）せんせ」

「(市川)雷蔵せんせ」

「勝せんせ」

でも、おばちゃんの呼び方には、一寸した格付けの違いがあると気が付いた。私への「せんせ」などは、「なべ君!」みたいなものだった。

「御大」片岡千恵蔵さんや村田英雄さんなど。

「主役」西郷輝彦さんなど。

「座長」由利徹さんなど。

「座」森繁久彌さんだけ。

「看板」舟木一夫さんだけ。

「社長」大川橋蔵さん。

北島三郎さんなどは、今でも「北島さん」「サブちゃん」で平気な顔している。少しも偉ぶらない。そうした人は案外居て、つくづく感心する。

里見浩太朗さんも、同じ年代の人は「浩ちゃん」で通していて、少しは格付けてよとこっちが思うほど泰然自若としていなさる。

だがこれは後の話で、私が芸能界の入口で呼び方一つにしても思い悩んだのは、何もかもが通常の生活とは異なっていたからだ。食事一つ取るにしても、弟子には弟子としての分際があるのだ。これは徹底的に定められている、暗黙の掟とも言うべき不文律でした。

つまり芸能界、特に映画界にも歌謡界にも劇場の世界にも、不動の縦社会の構造が存在していたのです。上下の序列は重く貫かれていました。東宝撮影所で「天皇」と言われていた黒澤明監督を、藤原釜足さん一人が「黒澤君！」と平気で呼んでいた理由は、誰にも判らないようでしたが、それも二人だけの間に存在する序列によるものでしょう。

考えたら、かえって気が軽くなりました。何故かと言えば、私の立場は「付人」で、付人なんてものは、付いている主人が立場があるのであって、私自身は何の位も勲章もない、芸能界の最下層の人間だったのです。恐れるものは何もありません。全て白紙の状態で、一から学んでいけば良いわけだと悟りました。

さて、特急列車が着いたのは、中学校の卒業旅行でしか訪れた事がない古都、京都でありました。

おやじ・水原弘に付いて、京都の東の山麓にある、都ホテルに行きました。エレベーターを降り、レストランに向かうと、既に二人の男がテーブルにおりました。

「兄(ア)ンちゃん、今日から付いた、なべ」

いきなり水原が私の紹介から入ったので、私は慌てて椅子から立ち上がり、気を付けして頭を下げました。

「なべです」

答えた頃に目が馴れました。暗いエレベーターから急に明るいレストランに来て、バックにさんさんと陽光が溢れていたので、座す人の顔が見えなかったのです。

二人の同じ顔した人間が見ていました。

それが勝新太郎と若山富三郎の兄弟だと判って、心が早鐘(はやがね)のように打ち鳴りました。「あがる」という事が無い性分の私ですが、この時くらいぼうっとした経験はありません。

「お水！」

勝さんの野太い声が低く響きました。

「お前はまだ弟子を取った事がないんだから、俺がなべを仕込んで、お前に返してやろう」

「いいねぇ。それはいい！」

お兄ちゃん（勝さんは若山さんをそう呼んだ）が言いました。

それで決まり。否も応もない。

水原弘の付人は、付人第一日目の夜から、嵐山近くの勝邸へ住み込み修業となったのでした。


三ヵ月の京都・大映太秦撮影所通いの付人修業を終え、東京に戻った夜、勝のおやじさんに電話を入れました。

「もしもし、渡辺です」

「えーと、どちらの渡辺さんですか？」

勝さんが出ました。

「東京の渡辺です」

「あーっ、東京の渡辺さん！」

「はい、東京の渡辺です」

「先日はお世話になりました」

「こちらこそ……」

「今度は〝ベラミ〟から〝おそめ〟と繰り出しますかね！」

毎晩、そうしていましたから、別に気にも留めず、

「よろしいですね！」

「そうそう、祇園でもお呼びが掛かっていましたからね」

祇園でもベラミでもおそめでも、私は外で待っていたのだが……？

「……？」

「どちらの渡辺さんでした？」

「東京の渡辺です」

「……東京は判ったのですが、どちらの」

「渡辺プロの……」

「あーっ！　渡辺プロ渡辺プロ！」

勝さんは納得……でも、電話の向こうで、思案しているのが判る。

「あのー、渡辺プロの……」

「水原弘のとこの渡辺ですぅ」

長い、長い沈黙があった。

突然、雷のような大声が耳に弾けた。

「お前は、渡辺じゃないよ、渡辺じゃ。お前はなべ、お前はなべだからね！」

ガチャンと電話は切れた。

私は次の日、名刺をつくった。

『水原弘　付人　なべおさみ』

私の芸名の誕生だった。

それから数年は、何処で会っても、勝さんは私を「おっ！　東京の渡辺さん！」。

渡辺晋社長もこの芸名を喜んでくれ、例によって「姫」なんかで、この話を仁丹の社長・森下泰さんなんかにさせられたものだった。

渡辺の信長様・渡辺晋社長

水原に付いた翌年の社長の誕生日の事です。その夜、まだ寒さがきつい社長宅の門前で、私は主人の退出を待っていました。

明るく輝く邸宅の玄関口を覗くと、おびただしい下足が散らばっておりました。渡辺晋社長は、昭和二（一九二七）年三月二日生まれ。丁度私と一回り歳が違います。植木等さんが同年です。

社長は、昭和三十二（一九五七）年に、有限会社渡辺プロダクションを設立しました。翌三十三（一九五八）年二月、日劇で第一回「ウエスタンカーニバル」が興行されて、これが爆発的な大ヒットとなります。ロカビリー大会と呼ばれる大流行を見せ、若者文化の最先端に躍り出ました。この企画は、東京に点在するジャズ喫茶、銀座「テネシー」、新宿「ACB（アシベ）」、池袋「ドラム」、銀座「美松」に群雄割拠していたロカビリーバンドや歌手を、一堂に集めて開いた画期的なものでした。

テレビの勃興と共に旋風を巻き起こしていった渡辺プロの副社長・渡辺美佐さん

は、脚光を浴びました。渡辺美佐さんは、旧姓は曲直瀬（まなせ）と言う。父母は、坂本九さん達を輩出したマナセプロの創始者でした。

美佐さんのプロデュース興行は毎年三回開催され、日劇の看板舞台となり、二十年間も続く大ヒットを記録するのです。このウエスタンカーニバルの幕開け直後、私は明大へ進んだわけですが、若者の間にロカビリー旋風を巻き起こした渡辺晋・美佐夫妻のプロデュースは、芸能界に確固たる地位を築いていました。

さて、誕生日パーティーですが、機を見るに敏な世界です。人が集まらないわけがありません。どっと押し寄せて来て、帰る者とてありません。

しかし玄関口の余りの乱雑さに、私は車を出て、入り込んで行きました。靴を脱ぐのももどかしく、入って行った客の気持ちは、よっぽど楽しさを急いでいたとしか思えぬ程の様子です。

私は一足一足を見つけて、綺麗に並べていきました。勿論靴先は外に向かって揃えたのです。三十足以上の履物ですから、玄関内では足りません。玄関先の敷石までたくさんの靴が溢れておりました。

その時です。「おい、君は誰だ？」と声がしました。

腰を屈めていましたので、半身で振り向くと、和服姿の晋社長と、後ろに美佐副社長が立っていました。

私は両手に靴を下げたまま、上り框のお二人に頭を下げ、「水原の付人の……」渡辺ですと言おうとして、相手の名も渡辺だと気が付きました。

咄嗟に、「なべと言います」。

渡辺です、じゃ恐れ多いと思ったのです。

「ふーん……」

と少し考えてから、

「お前、出世するかもしれないな。ふーん……」

と、また少し考えて、

「明日、午後一時、事務所に来い」

と命じました。

「頑張りなさいね」

美佐夫人の声を聞きながら、二人が二階へ上がって行くのを目で追いました。わぁーっと歓声がする中、私は惚けたように立ち尽くしていました。

この時です。私の体の中に木下藤吉郎が入り込んできたのです。そして、この日から何を隠そう、渡辺晋さんは私の生涯のお屋形様、信長様になったのです。

翌日、事務所に行くと、

「なべ、今月からおれのポケットマネーで毎月五千円やろう。それで本買ったり映画観たりして勉強しろよ。いいな!」

と、社長から五千円をいただきました。昭和三十六（一九六一）年三月三日のことです。

「ほれ、奨学金!」と、それはデビューする昭和三十九（一九六四）年の四月まで欠かす事なく続きました。

この時、社長は私の頬っぺを必ず一ひねりするのでした。一度このスキンシップを、私は社長に仕返しした事があります。

「……んん……」

そして、社長は言いました。

「悪いもんじゃないなぁ……でも他人に言うんじゃないぞ!」

何千人も居たでしょう、渡辺プロのタレント候補の中で、奨学金を社長の小遣いから貰った人は、私だけだと思います。そして、社長の頬っぺをつねったのも、私一人のはず。これは誇りです。


ある時、三信ビルの二階にあった事務所に入って行くと、壁にかけたテレビを見上げて、社長が腕組みして番組を見ていました。丁度、昼頃で社員の居ない隙間でした。私が入って行ったのも感じない様子です。

そっと後ろをすり抜ける時、社長の呟きが耳に入りました。

「いいなぁ……!」

溜息をつくように、感に堪えぬ声でした。

私がテレビを見ると、そこには北島三郎が映っていました。思わず壁いっぱい飾られている所属タレントの写真額を見つめました。

水原弘、ミッキー・カーチス、白木秀雄、松本英彦、中村八大、エセル中田、ザ・ピーナッツ……。社長の憧れはJATP、リーダーのノーマン・グランツ大崇拝の根つからのＪＡＺＺ好き。

どこを探したって、この事務所にはバタ臭い匂いしかしません。演歌の「え」の字も漂ってはいませんでした。

私はお屋形様の本心を見た気が致しました。私はとてつもない秘密を社長と共有したような嬉しさで、胸がいっぱいになりました。

月日が流れて森進一が誕生した時、私は社長の心中を察してよっぽど社長の頬っぺをつねりに行こうかと迷ったものでした。

社長に書いた秘密のレポート

私の名刺の裏には、こんな文句が印刷されています。今の名刺です。

「私は芸能界一筋に五十年を越えて生きて参りましたが、その生き方は一つでした。常に心に私の御大将を創り、その方を信長に見立てて、私は藤吉郎として楽しく今日迄来たのです。その御方は渡辺プロ初代社長渡辺晋さんでした。……」

私は渡辺晋さんを織田信長として考えていましたが、一方で、この方は徳川家康かなとも思っています。それは人の使い方です。実に上手でした。

こんな事がありました。ある時、水原弘は中島潤を前座に据え、九州一円の旅に一ヵ月出ました。後のザ・ピーナッツもそうですが、御盆シーズンや暮れの巡業に出ると、渡辺プロの社員のボーナスが賄えたそうです。

東京に一ヵ月振りに戻って来ると、地方と都会の違いを嫌というくらい感じさせられる時代でした。東京を歩いている女性が誰でも美しく見えるほど、地方は田舎だったのです。久しく離れていた都のような気がする有楽町をながめると、日劇の周りが、見馴れぬ田舎っぽい兄ちゃんがギター抱えている大写真で飾られているのでした。

日劇という大ステージでワンマンショウをする歌手なら、同じ世界に居て知らないはずがない。ところが、私は知らないのです。一ヵ月、東京を留守にしている間に、一気に伸びた歌手なのかしらと、水原弘の付人としては穏やかじゃない気持ちでした。

「一寸見ぬ間の田んぼの雑草」って気がして、急いでキップを買い、三階の一番安い席に座った。

場内が暗くなって、バンドが高鳴って前奏が歌手を呼び込む。ギターを抱えた若者が、セリ上がって来たセンターマイクの前に立つ。ショートカットの頭髪が、なんとも田舎者みたいだ。GIカットでもないし裕次郎カットでもないので、流しの兄(ア)ンちゃん風に思えた。

が、これは当たってた。本物の流しの兄さんだったのだから。兄ンちゃんが歌いだした。

〽涙の……

と来て、

〽おおおーおおおおおォー

えっ？　どーんと胸に響いた。

〽終わりのひと滴(しずく)ゥー

ええーっ！　どかーんと体を突き抜けてゆく何かがあった。

〽ゴムのかっぱにしみとおるゥー

勝負あった。私の負け。歌手の勝ち。

ショウが終わって、私はそこらじゅうの客に聞いて回った。

「この歌手のどこが良いのですか？」「どこが好きなんですか？」と。

答えは圧倒的にこうだった。

「必ず、私を見て歌ってくれるんですよ」

一曲の中で、一階の客を睨め回すように、ワンコーラス、ワンコーラス歌い、二階の客の一人ひとりに対するように、三階の客までも虜にしてやまない、心に伝わる歌い方なのだと、誰もが声を大にして語ってくれました。

私も感じるものがあったので、これをレポート形式にまとめて、水原弘に提出したのでした。

「おやじさん、ジャズ喫茶なんかステージと客が近いから、一人ひとりに、あなたのために歌ってんだからねと思わしてやったら、うんと喜びますよ」

だーっと読んだおやじは、ガツンと私の頭に一発くれて、それでこの件は終わった。

去りながら、おやじの独り言が聞こえた。

「なんでサブなんか観に……」

何日かして、晋社長から呼び出しが掛かった。飛んで行くと、社長がくしゃくしゃになって笑っていた。

「なべ、いいなぁ、このレポートは」

なべの野郎、こんな余計な事しやがってと、おやじが社長に見せたらしい。

「いいか、なべ。これから、そっちは、おれのためにレポート書いてくれ。これはおれとお前の秘密だ。いいな。おれの言うショウを観に行って、レポートを書いて持って来い」

これは、ボーヤと呼ばれた時代から、一本立ちしてからも続けられた。

「おいチョースケ！　加藤とのやりとりで、カーポ（ポーカー）の話はないだろう！あれは楽屋オチってやつで、一番手抜きのやり方だな！」

「あれ？　社長、観に来られてたんですか？」

「大事なタレントの大舞台を観ないわけがないだろう！　楽屋に顔出さなくて悪かったけどな！」

「あ、いや、気をつけます！」

いかりや長介が恐縮して、小さくなった。ザ・ドリフターズが売り出して、浅草国際劇場に進出した時の話だ。観に行って、感想を書いたのは私だ。ザ・ピーナッツ、中尾ミエ、ハナ肇とクレージーキャッツのショウまで書かされている。

長さんに、社長はこう言った。

「人間、一日の締め括りは寝る時だ。その時いかに心地よく幸せに寝られるかが勝負なんだ。どんなに嫌な事があった日でも、例えばその日食べた一杯のお茶漬けがおいしかったとか、道を歩いていたらいい女とすれ違ったとか、ほんの些細な事でいいから、悪い事は忘れて、いい事だけ考えて、大きく深呼吸して床につきなさい。そして、すこやかな睡眠を充分にとって明日への活力につなげる事。それが一番大事な事だよ」

長さんはいいなあ。向こうで社長と会えているんだからね。もう、とっくに。

私は、社長はユダヤの血が濃い人だなと思っているのですが、それは、この長さんの話からです。

ユダヤのタナフにこう出ています。タナフとはユダヤ人の古文書の秘本であり、ここから旧約聖書も出来ています。タナフにも旧約聖書にも書かれていて、格言にもなっている文言があります。

「今日一日の事を思い煩う事なかれ。今日一日は今日にて終りぬ。明日はまた、自ら煩わん」

今日起こった事を、あれこれ考えなさんな。今日というものは、今日で終わりなんだから。明日になればまた、いろんな問題が起こってくるんだからね。さあ、もう今日はすんだのだから、安心してお休みね、と。

安眠の祈りにも似た、ユダヤの民の伝承です。社長はクリスチャンでもないのに、これを知っていて、長さんの真面目すぎる故の心的膠着を救っていたのだから驚きです。

社長はキリシタン大名の細川忠興公かな？　だとすると、美佐さんは、ガラシヤ夫人……だとすると、美佐さんの父上・曲直瀬正雄氏は明智光秀という事になる……。

紀元前七二一年に離散した北イスラエルの「失われた十支族」の一つがマナセ族だもんね。う〜ん！

陰の世界の任務

私が晋社長を信長であり、同時に家康でもあると考えたのには、理由がある。裏の戦法を熟知していたからだ。

ある時、家に電話が掛かって来た。暮れも暮れ、十二月三十日の夕方だった。直ぐに家まで来いと言う。何事かと飛んで行くと、夫妻で待っていた。和室に通された。この部屋は特別な間(ま)で、社長の仲良しさんしか通されず、主にその人達との麻雀に使われていた。思わず私は身構えた。

「あのな……」

社長も美佐さんも、着物姿で端座して見上げていた。

慌てて私も正座した。

卓の向こうでは社長はニコリともせず、ひどく真顔で私を見つめた。美佐さんの顔にも、微笑みは無かった。

頭の中で、私の最近の失敗は何かを、急転回で想い浮かべてみた。

「来年から、お前に役目を一つ請け負ってもらいたい」

「……？」

これはお屋形様からのお叱りではなさそうだと、少し落ち着こうと努めた。

社長はじっと私を見ていた。

副社長も大きな目で見ていた。正直、こんな美しい人はいない。ガラシヤだし。

「来年からお前は渡辺プロのために、隠密になって働いてもらいたい」

「その役目を担ってもらえない？」

「えっ？」

社長の説明は丁寧で、単細胞の私でも納得出来た。たくさんのタレントが生まれていたが、他社のタレント達から情報を得て、渡辺プロダクションの待遇に不満を持つ者も出てくる。そうした若い者の相談に乗ってやれと言う。

ぜひ若い者と一緒に文句を言いながら、「だけどな、渡辺プロは力があるし、ここを出ない方が得策だと思うぞ」と上手に話を導け、と。「おれが上手に、社長にそれとなく話してみるから、その不満はそれまで自分の胸にしまっとけ。人に言うと曲解されて話がこわれちゃうからね。一寸待って任せてくれ」って言うんだぞ、と教えられた。

あの手この手を話されたが、肝心な事はあくまでタレント側に立って味方しつつ、相手に悟られないように事務所側に導く事だと言う。

これは高等戦術だ。私は間諜だ。スパイ、乱波、密偵、忍びの者。何と呼ぼうとも、立派な陰の世界の任務だ。

でも、お二人から渡辺プロのためにお前もそろそろ一肌脱げと命じられた事は、私に信用が付いたと思えて、隠れ「嘘部の民」(次の章で説明します)の血がわななきました。

「今まではハナ肇にこの役をさせてたんだがな、一寸大物になり過ぎて……」

成程、押し付けがましくては嘘部の民には似付かわしくないのだ。私のような小物じゃないといけないのだろうと、少しガックリしながら納得した。

この役目は森進一の独立を阻止したり、布施明と加賀まりこの妊娠事件などに使者の役をさせられたりと、忍者活動で働いたのだ。

自分の師匠であるハナ肇にすら隠密だったのだから、何人もの若手のタレントやザ・ピーナッツや伊東ゆかりの恋愛問題までも相談に乗って、皆良い結果になった。

「お前は甘いなぁ！」と社長に言われながらも、どんどん売れて行く森進一の不満を社長に進言し待遇改善に精を出していたら、私の年収を森は月収で稼ぐようになっていた。

そうしたら、離れて行った。

「お前は甘いなぁ！」

お屋形様に、また言われた。

加賀まりこさんのこと

まりちゃんは、青春時代の中で近寄りがたい女のピカイチだったな。

これぞ東京っ娘という代表格かなぁ。

昭和三十年代なんて、東京と地方とでは何もかも雲泥の差があったんだ。もう大宮や八王子辺りから向こうの娘は、直ぐに東京っ子じゃないって判るくらい、一目で雰囲気が違っていました。東京に住んでる娘と、近郊から来た娘が原宿を一緒に歩いていると、まるで違ってる。幾らセンスが良く金持ちの娘でも、なんか都会の匂いがしないんだな。

青山や原宿で化粧した若い娘を見るだけで、田舎娘の背伸びした姿だと、直ぐ判った。そのぐらい都会で育った娘は、化粧なんて絶対しなかったのが昭和三十年代かな。化粧なんて水商売の化け道具だと、皆思っていて、化粧品会社の宣伝文句になんか決して乗らなかったもんだ。

あの人は何時も素顔だった。

加賀まりこさんは、私が見て来た都会っ娘の中のピカイチだった。

私は小学生の頃から銀座や盛り場をほっつき歩いて来たのに、まりちゃんを見た時の輝きは忘れられない。映画女優にも、こんな溌剌と青春を発揮している娘なんて居ないだろうと思えた。

とにかく可愛かった。決して美人ではないのだが、屈託ないピチピチした若さが弾けとんでいた。

私なんぞは、己の様相を心に浮かべ、三歩もさがって見つめるだけだった。

幸いな事に私は、この世界の中心を担って日本の芸能界に革命をもたらした渡辺プロダクションに潜り込んでいて、同時にファッション業界に男性ファッションの新風を巻き起こしたVANの石津さんとの太い縁もあったから、有名になりたい、有名になろうとする若者（私もその一人であったのだが）をいつでも身近に見つめていた。

まりちゃんも必然的にその一人になっていった。本人の志は別にしても、周囲が放っておかなかったんだよね。それに値したからね。


これに匹敵する娘は、私達が「ビッチ」と言って可愛がった大原麗子だろう。ビッチとは、業界用語だ。「チビ」の事だ。まだ中学生になったばかりで突然現れて、芸能界の若手歌手なんかに気に入られて、出入り自由の身となっていた。

よほどのコネがないとジャズ喫茶の楽屋なんぞには入り込めない。それなのに、いきなり水原弘の部屋に入って来て、「お兄ちゃん、着替えさせてぇー！」なんてハナ声の甘ったるさで言い出す。

おやじは、私を見て甘えている目線から、私の知り合いだと思ったのだが、私はおやじの知り合いだと察したのだ。この娘はそう思わせる術を心得ている子だった。軽くしてやられたのだもの。

こちらの返事も待たず、さっさとセーラー服もスカートも脱いじゃうから、おやじも私も急いで外に出た。百五十センチにも満たないチビでも、女の子だし、慌てたのだ。

黒い学生鞄から取り出した私服に着替えた娘は、畳んで仕舞った学生服でパンパンに膨らんだ鞄を私に押し付けて、「楽屋で預かっといてぇー」と飛び出して行った。

「何だ、あのビッチは？」

水原のこの一言が、大原麗子の愛称の名付け親だと知る人は居まい。

その後、平気の平左(へいざ)で学校帰りに水原の出ているジャズ喫茶に現れては、まるで妹の如くバンドの連中ともじゃれ合っていた。

私は何時だって荷物の番人で、私に押し付けて遊びに出て行っちゃう。

腹の立つガキだったが、「なべちゃん、ありがと！」って言われると、ついニヤケてしまって悪い気がしなかった。

まりこも麗子も、化粧っ気一つない娘で、若さがいっぱいに輝いていた。

ある時、お屋形様からお館へ急いで来いと指令があった。

飛んで行くと、奥方と二人で日本間に待っていた。

「早速だが、布施の事は知ってるな？」

社長の声は低かった。副社長の目にも笑いはなかったから、事の重大さが察せられた。

「ハイ、報道分ぐらいですが……」

「うん、そっちに、使者に立ってもらいたいんだ」

私は次の言葉を待った。頭は週刊誌のページをめくっていた。

「布施明、加賀まりこ恋愛発覚！」

女性誌では逆になる。

「加賀まりこ妊娠！　父親は布施明か！」

社長の声が一段と小さくなり、私は座卓に身を乗り出した。

「要は、布施にはまだ早い。加賀まりこの事は事務所が充分に面倒見よう。養生はハワイにでも行ったら良いだろう。皆、面倒見よう。そう説得して来てくれ」

養生？　雑誌には「未婚でも生んで育てます」とまりこは宣言して、その姿を消していた。

「あなたならまりちゃんと気心も知れてるし、居場所も判るでしょ？」

ガラシャ夫人が言った。渡辺美佐さんは、まりこ達の一段階年長者で、別格の魅力ある女だった。

「な、判るだろ？　話して納得させて来てくれ！」

一言だって、決定的な言葉は言ってない。上に立つ者は、こうなのだと思われた。良い命令者なら、良い家来は「皆まで言うなかれ」となるのが慣わしだ。

私は走った。当たりはついていた。勝新太郎の付人だった私は、六本木に住まうまりこの従兄弟の家で、勝さんやまりこ達と年中麻雀をして遊んでいた。とても良くしてもらっていたのだ。そこで、隠れ家が判った。

半蔵門の近くのマンションに、お腹の大きなまりこは身を潜めていた。そのお腹を小さくさせるのが任だった。灯り一つ付けぬ薄明りの中に、壁にもたれて絨毯に座るまりこが居た。嗷嗷（ごうごう）たる喧騒を避けて、ひっそりと橋の下で仔を産む母犬の姿を想い出させた。

会えば何時だって勝ち気なまりことは喧嘩になった。別におれの女でもないんだしと、私も引く気がなかったから、絶えずおやじ（この場合は勝さん）からは「お前達は寄るとさわるとこれだ！」と呆れられていた。

この時は、まったく精気のないまりこが感じられた。

目が馴れてくると、憔悴しきって、眼の凹(くぼ)んだ窶(やつ)れたまりこに驚いた。

まりこは、鞠(まり)で、絢爛たる装飾に彩られた蹴鞠なのだ。それが只のゴムマリで、それも空気の抜けた転がりも出来ないマリになっていた。

私は切り出した。

「社長の名代で来たんだよね……。社長と美佐さんの伝言を、おれが伝えに来たんだ」

まりこが、目線を私に向けた。重なる中傷のあれやこれやに耐える力は、もうどこにも残っていないように見えた。

「社長も副社長もね、まりちゃんがしっかり頑張って、丈夫な子を産んでくれと伝えてくれって……。立場上、そう言いに来られないのが申し訳ないが、後はどうでも応援するからって言ってた」

歯を食い縛って大きな目で一言一句を聞いていたまりこの目から、ボロっと光ってこぼれるものがあった。

さらに流れ出てきたまりこの涙を見続けられずに、私は戸口に向かった。リビングのテーブルに置いてきたプディングを指し、「美佐さんが、つわりの時はこれ食べて元気出したって。食べなよね」と一言言い残して。

私は社長の意に反したのだろうか。

「まりちゃんが納得してくれました」と報告した。

加賀まりこの流産は、雑誌で知った。

お屋形様は私に、勝手にして良いから、お前なら慰めてまりこを救えると考えていたのだと、今でも思っている。

水原弘と勝新太郎、本物の飲みっぷり

私は、水原弘という人が歌手の中では一番だと、付人として思っていた。人間的にも、私なんかがとても真似の出来ない、大きなスケールを持っていた。四歳年長の勝新太郎さんにも、一歩も退かなかった。

「兄ンちゃんではあるが、俺も歌謡界の水原弘だ」

その気概は良いのだが、金遣いの点までも勝さんと五分(ごぶ)で交際したがった。京都大

映映画、昭和三十六（一九六一）年の『ドドンパ酔虎伝』の撮影では、毎夜二人で京都の街を飲み歩いた。

「お水、ここは京都だ。俺のシマだよ。俺に任せてくれ」

勝さんが言えば、次の店では水原が「兄ンちゃん、ここは俺だ！」と私に目配せする。私が支払い先を記し、請求書の送りを店に頼むのだ。

後々にこの話は世間に広まるのだが、二人だけで仲良く飲み回るわけではない。気が付くと、小さな店なら二人の連れでいっぱいになっている。知り合いを誰かれなく引き込んで、一緒に飲むのだ。

「勝さんの飲みっぷりはね……」「お水さんの夜遊びはね……」というような話は、たいてい尾ひれがついて、「段々仲間が増えて、そのうちに〝あんた誰？〟って聞くぐらい知らない人までいちゃう凄い人数なんだ」なんて事になるんだが、この二人には本当に私は驚いた。正味の話だからだ。二人で飲み始めて、たいがい明け方に御開きになるのだが、別れる時には三十人にもなっていた。

京都太秦で一ヵ月、映画を撮って東京に戻ったら、直きに社長から呼び出しがあった。

「バカか！　お前は！」

いきなり社長に叱られた。

「何処の世界に八十万の映画出に行って、百二十万の飲み屋のつけ背負って来る奴がいる？　何のためにお前が付いているんだよ」

判った。事の顚末が。お水さんを怒っているのだ。

でも、私は水原弘を、叱れない。

「バカかお前は！　百二十万も使ってきやがって！　ギャラは幾らだと思ってんだ！」と言えますか？　言いたいのは山山です。「百二十万って。あたしの月給四千円で言ったら、何年分だと思いますか！」って。

判らないから言わなかったが、後でゆっくり計算したら二十五年分だった。

八方破れを絵に描いたみたいな二人だった。江戸時代の深川辺りの居酒屋にいる世捨て人みたいな常軌を逸した風情を、いつも私は感じていた。

あらゆる常識は、喉元を過ぎる酒が回数を増す度に消えていくのだ。それでなくては、稼ぐ金以上の使いっぷりは出来るものではない。

だって総理大臣の月給は昭和三十五（一九六〇）年で、二十五万円。三十六年で二十五万五千円だからね。そんな時代だもの。

百万円って、夢みたいな金額でね。「百万長者」って言葉があったくらいだ。今なら何倍ぐらいの価値があるだろう。間違いなく一億円はあるだろうな。酒代に一億円使うか？

「バカかお前！」は、確かな判断でしょう。

上野動物園に子供を十二万人も招待出来る金額だったのですからね。百二十万円って。

私の月給の……いいかもう！

勝新太郎も「おやじさん」に

水原弘が勝さんと知り合って意気投合するのは、勝さんがまだ独身の頃でした。

酒の飲み方が余りに豪快で、「自分以外にもこんなに凄い飲みっぷりの奴がいるんだ」と認識した事が、勝さんに傾倒していったわけだと思います。

私も側に居て、勝さんが酔っぱらったのを見た事がありません。飲めば飲むほど陽気になり饒舌になり、一緒の人達を飽きさせません。

水原も同じで、どんなに飲んだって酒に飲まれる事がありませんでした。だから、実に楽しい酒飲みだったと思います。

私の見るところ、四歳年長の勝さんを、おやじは「兄ンちゃん」と慕っておりましたが、世間では水原弘の方がランクが上だった頃だと思います。

私が勝さんに付いた時は、勝さんの最大の低迷期で、毎朝撮影所に出掛けても、気を入れてやる仕事じゃないと投げている状態の時でした。

丁度、天の差配が中村玉緒という伴侶を与えてくれる寸前で、同時にその作品から希代の名優・勝新太郎を誕生させようとしていたところでした。

その作品が『不知火検校』です。昭和三十五（一九六〇）年の作品でした。

この作品は座頭の話ですから、盲人の話です。

この時に勝新太郎の役者魂に火が付き、開眼したのですからね。目が開いたんです。何とも因縁奇縁を思わざるを得ません。ここから一気に昇龍となって、大映の至宝と化す作品が、目の不自由なお方の役ですからね。

『座頭市物語』は昭和三十七（一九六二）年でした。座頭のランクの一番低い位置を

「座頭一」と言います。その身分の者という事を引っ掛けて、「座頭市」となったのです。

座頭は賤民だったから、江戸では浅草弾左衛門の手下だった。それが京都の久我家の後ろ盾で、元禄二（一六八九）年に奉行所で争い、支配下から脱している。歌舞伎者の弾左衛門配下からの脱けが宝永五（一七〇八）年だから、座頭はその十九年前に支配から逃れる勝訴を得ている。

この事などを心得ていた、監督であり脚本家の犬塚稔さんが、「座頭市は江戸の町には入れない」の信念で、シナリオを書き上げたと言う。原作者の子母澤寛さんと知り合いだった犬塚さんは、わずか二、三行だけ登場する座頭一にヒントを得て、『座頭市物語』を書き上げて、会社に出したのだ。会社の中にも、無駄に飯を食べてない人間がいるもので、大映の企画部長・鈴木晰也さんが同じ考えを持っていて、この方を支えに一気にシナリオに仕立てられたと、犬塚さんは九十四歳時のインタビューで語っている。犬塚稔さんあっての「座頭市」なのだ。

これなんかも勝さんの運なのだ。長谷川一夫の映画デビュー作品『稚児の剣法』を、自身の初監督作品として世に出た犬塚さんは、阪東妻三郎さん等に見込まれて、戦前は脚本と監督、戦後は脚本家として輝いた人だ。その人から勝新太郎を当て込んだ脚本を書いてもらえたのが、『座頭市物語』だったのだ。

これも、『不知火検校』という汚れ役に当たって砕けろと、体当たりで挑んだ勝新魂の勝利なのです。ここで玉緒さんを妻にしようと決心させ、何もかも生まれ変わらせた作品が、『座頭市物語』です。

私はこの映画を、勝新太郎の代表作だと考えています。

それにしても、素面(しらふ)でも酒が入っても、勝新太郎と接していると本当に楽しい。楽しいのはこの人が楽しそうに笑って話し続ける姿で、こちらもそれが伝染してしまって楽しいのだ。

「おやじの一番好きなのは人間だな」と、付人になってすぐ思いました。

仕事をしていても、遊びに出掛けても、眠っている時間以外は、人恋しくて堪らないのです。裏方さんでも俳優仲間でも、手当たりしだい誰かと話しています。

困ったのは、寝ているのを起こす時だけでした。これは厄介な仕事でした。

付人見習いに入った時、本職の付人の服部さんに何もかも指導を受けました。

彼が「先生」と呼ぶのに、私は頑として「おやじさん」を連呼して譲りませんでした。「おやじさん」の呼称は、勝さんには耳に心地良い響きだったと見え、不快な顔一つ見せませんでしたから、太秦撮影所内でも押し通しました。きっと「親分」になった気持ちにさせられて、ブンキが良かったんだと思います。

「勝ちゃん」から「勝新はん」、そして「勝せんせ」と変えていった部屋番のおばちゃんが、「おやじさん」に目を剝いて、私に無言の是正を求めるのも、なんのそのでした。

市川雷蔵さんと長谷川一夫せんせ

市川雷蔵さんぐらい不思議な人は、私は役者では見てません。

ある夕方、撮影帰りの市川雷蔵さんが足を止めました。拵(こしら)えを施して、凜凜(りり)しい若武者の姿を一目見ていた私には、最初、声を掛けてくれた方が誰だか判りませんでした。

極極当たり前の白の開襟シャツにハンチング、ど近眼の部厚いレンズの眼鏡で、背を丸めて立っていました。競馬場でも競艇場でも見かける、負け組の風体です。

「おい、渡辺プロ！」

口跡（こうせき）の清清しさから雷蔵さんと判りました。それにしても何たるセンスなのかと、私は思いつつ、「いや、ロケかな？」と反省しました。

でも、京都で現代劇は撮っていません。私服なのだと考えると、余計スターらしからぬ風情が気になりました。

手招きしています。近くに行くと、耳元で囁（ささや）かれました。

「おい渡辺プロ、俺もおやじと呼んでくれよ！」

「はっ？」

「な！」

振り向きもせず消えていきました。

以来、会う度に、

「雷蔵のおやじ……さん！」

……にっ！と笑ってくれる顔が若いまま、胸に残っています。早世が悔やまれる一人です。

雷蔵さんが私を「渡辺プロ」と呼ぶのを、勝さんは不思議に思っていたかもしれません。

私用でも何でも撮影所の演技事務所で平気で長距離電話をしている私を、「頼もしい図々しいやっちゃな！」と、雷蔵さんが目を細めて応援してくれていたのも、勝さんは知りません。

勿論、「雷蔵のおやじさん！」などと言って接近していたのも知りません。服部先輩が、「ええ人やろ！」とバックで応援してくれてました。

何しろ最大のライバルですから、親しくするのも考えものだったはずですが、私にしてみれば、スクリーンで見馴れた方々が、わさわさ歩いているのですから、ボーヤ時代の楽しさったらなかったです。

ある日、長谷川一夫せんせが、しげしげと私の体を見つめ、二の腕などパンパンと叩く。

「ええ体してはる。勝ちゃん、この子借りるえ！」

メイク室から後を追って先生の部屋に行くと、林檎箱を担がされてセットに運ばされた。

それだけの話。

でも小学四年生で観た『銭形平次捕物控　平次八百八町』の銭形の親分が、自分の目の当たりにする世界に実在している喜びったらなかった。

化粧室にも、座る化粧鏡の前にはきちんとした序列があった。長谷川せんせは、窓側の一番席でした。開始の一時間半前にはもう座っています。

白塗りの素晴らしい顔しか知らない人は、素顔のせんせに驚く。まず極端に色が黒い。ゴルフ焼けだとかの健康的な色彩ではない。まったく肺癌患者の如き、極めつけの不健康なドス黒さなのだ。犬塚稔さんの言に、「初めて林長二郎（長谷川せんせの旧芸名）に会った時、なんて色の黒い奴だと思ったよ」というのがある。その通りだった。

そして、頬に、刀疵（かたなきず）がある。安藤昇さんを評して「男の顔は履歴書である」と大宅壮一氏は書いたが、美男の俳優の頬傷は、レオナルド・ダ・ヴィンチの言う「男の顔は劇場である」だろうか。後方から私なんかの下下の者が注視していようとも、決してせんせは隠す事もなかった。

たいていは勝の方が化粧室入りが遅いから、せんせは出来上がっていて、見馴れたスターの顔があった。時に番定（ばんてい）がゆっくりで、後から長谷川せんせが現れると、若いスター達は総立ちでお辞儀をする。いっぺんにピンと空気が張りつめる。何にも動じない勝でも、気を付けて緊張しているのだ。勝の顔の化粧を、せんせは一寸直してやる。

「ありがとうございます」

四十五度で頭を下げて、敬意を伝える。

私が見ていた京都大映撮影所での長谷川一夫は、神様だった。役者の神様の実に美しい姿を拝んで毎日を過ごせた事は幸せでした。

段々付人として場馴れてくると、化粧室で一つ気が付きました。どなたの顔も長谷川一夫風なのです。

下地の化粧の色は、せんせよりも濃いのですが、眉といい、目張りの入れ方といい、この上なく似ていて、個性がありません。皆、神様風なのです。新人スター候補ですら、これでした。野性味に欠けるったら、ありゃしない！

勝さんにしてからが、きっちり美男子のせんせ風でした。

『不知火検校』こそは、こうした神様の呪縛から解き放たれて、勝さんが自らの力で飛翔した記念すべき作品だと思います。

裕次郎・ひばり・水原・勝〜大物全員集合その一〜

昭和三十五（一九六〇）年の話です。

みんなで集まって首寄せて、口角沫を飛ばしているのは、石原裕次郎さん。

昭和三十一（一九五六）年、映画『太陽の季節』でデビューするや、続く『狂った果実』でスターダムに昇ってしまった。テイチクから出したレコードもヒット。昭和三十二（一九五七）年に映画『俺は待ってるぜ』がレコードと共に大ヒットし、名実共に日本の若者の代表的スターであった。日活映画を大会社にするだけの興収を上げた、映画界の宝だった。

もう一人の男は、私のおやじ、水原弘だった。第一回日本レコード大賞に輝く「黒い花びら」の人気歌手で、この前年の昭和三十四（一九五九）年に受賞していたから、人気絶頂の頃の話だ。

紅一点は美空ひばりさんだった。歌謡界の女王であるばかりでなく、歌謡史に燦然と輝く大スターだ。

そこに勝さんが並ぶと、一段落ちた。正直、この時点ではの話だ。

だが、それこそ、この時の一ヵ月だけであった。ほんの束の間、一堂に会する機会を得たのは昭和三十五年の六月だったか、七月だったろうか。

誰もが若かったし、誰もが心に燻る想いを抱いていたのだ。

勝さんという人は不思議な人で、格だとか人気だとかの枠を越えて、肌で人と付き合う。

裕次郎さんは勝さんの、杵屋勝東治の息子としての、長唄の伝統の血脈に興味を持ったらしい。ところが、実際には明けっ広げな近代青年のところにも引かれたそうです。

実業家を心に描いていた裕次郎さんが、ひょんな事で二十一歳で、兄の慎太郎さんの原作の映画化に引っぱり出されましたが、スターの座に満足していませんでした。

昭和三十二年、三十三年、三十四年と、めまぐるしい撮影の連続に、いつしか会社側と対立する心が育っていたのでした。昭和三十四年には失踪騒ぎも起こしています。過労によるノイローゼでした。

この時は小樽の「海陽亭」に逃げ込んで、二週間、心の静養を図ったのです。ここは裕次郎さんの父上が利用した料亭でした。日活の人間には考えつかない隠れ場所だったようです。後年女将さんに私はお会いして、裕次郎さんが寝起きしていた部屋を見せてもらいましたが、そこは女将さんの部屋でした。

「私のベッドで死んだように寝ていましたわ。適当に起きて〝飯!〟って食べて、また眠って、それで二週間して帰って行ったの」

老いても美しい女将さんが誇りにしているのが、この寝室に掛けてある二枚の額入りの写真でした。

一枚は海陽亭に玄関付けした外車から降りようと踏み出した、長谷川一夫せんせの写真です。私もはっとして見つめました。ボルサリーノらしい中折れ帽子のせんせは、息を呑むほどの美男子です。先代女将と娘の現女将とが迎えている、昭和二十七(一九五二)年の写真です。

もう一枚はパジャマ姿で、ぼやーっとレンズを見ている裕次郎さんでした。私生活を追うパパラッチ的マスコミに疲れての逃避行だけに、本当に心許したワンショットでした。これを複写したものを送って頂き、私は今も大切に持っています。この頃には北原三枝さんとの愛を育んでいた事の悩みもあったのです。

熱弁をふるう裕次郎さんを囲んで、聞き手の大物たちがああでもないこうでもないと応え、気心の知れた安堵で話し合い、それを私一人が見守っていたのも、実に嬉しい想い出です。今では一人も此の世におりません。

勝さんが多摩川大映に、現代劇を撮りに来るのを三人が待ち構えていた時の話です。

勝さんは裕次郎さんより三歳上ですが、芸能界の格では何枚も下です。ですが、場の中心は勝さんが握っておりました。

夕方、定時に仕事を終えて、六時に赤坂の料亭に集合です。定時とは映画界では五時の事です。皆仕事を切り上げられる力と立場が出来ていたのです。

「なべ！　二台！」

その声でタクシーで出掛けます。流れて、最後は新橋です。

おかまバーの先駆者たる「青江」のママが私に鍵を預けて帰ると、そこからまた四人が盛り上がります。終電も走り去った頃です。大きなフルーツ盛りのガラスの器に、レミーマルタンを満満と注ぎ、四人で飲むのです。

「なべ、タバコ！」

「氷が無いぞ！」

「クラッカーを出せ！」

付人は私一人ですから、深夜からの忙しさは大変です。カウンター内から四人を注視して、朝の七時、宴は終わります。それぞれ仕事が九時頃に始まるのです。

付人、銀座を走る

私も四人を送り出した後に、店を片付けて赤坂リキマンション（力道山が建てた）の水原宅に行き、ジャズ喫茶の譜面やステージ衣装を揃え、昼間四ステージの香盤表（楽曲リスト）をつくります。

一回目と二回目のステージで歌う曲が同じではいけませんから、何回見ても楽しめるように順番を構成するわけです。こんなマネイジャー的な仕事も任せられていたのです。

おやじは束の間の眠りです。こっちも眠っていませんから辛いのですが、ステージで歌っている人の身を考えたら文句も言えません。ワンステージ目は十一時から一時間です。終わるのが十二時ですから、その前に食事を用意しなければなりません。

おやじも昨夜はほとんど寝てないのだから、食欲も無かろう、少しは食欲増進になるものを用意しようと、銀座の街を走りました。

銀座四丁目の交差点を歌舞伎座方面に歩くと、「美松」があり、ここが今日の仕事場。ファンで満パイだ。女性ばっかりだからマン・パイ……失敬しました。

おやじに元気を出させる食べ物を用意したい。付人の腕の見せ所だった。見た目で食欲の出る物は、日本食だと思った。冷や奴に焼き魚に納豆に焼き海苔、ごはんは大盛だ。佃煮も少し欲しい。

十一時半だと飯屋は忙しい。十一時に開くから、一番で行って頼んだ。

「うちは出前は致しません」

「いえ、私が運んで参りますから！」

「いや、うちは器の貸し出しは致しません」

「そこを何とかお願い出来ませんか？」

「いや、うちの建前ですから」

「あの、私、財布ごとお預けしておきますから、何とかお願い出来ませんか？」

押し問答している場合じゃないのだ。ステージが進行して、水原が舞台から降りたら大変だ。私は水原のワニ革の部厚い財布を、ドンとカウンターの上に置いた。

「そう申されても、うちの建前ですから」

「おう！　お前ぇじゃ埒があかねぇ、主人を出しな！」

「私が主人です！」

「上等じゃねぇか！　おう、建前だか棟上げだか知らねぇが、お前ぇのとこじゃなきゃ食わねぇって言ってる男が今、そこの美松で歌ってんだ！　これで飯は運ばせないから持って来られませんでしたなんて、天下の水原弘に言えるかい！　隣の洋食屋の物なんざ、おやじは見向きもしねぇで、黙って昼飯は此処って、車で指差したんだ！　水原弘にゃ此処の飯は食わせられねぇって言うんだな！　よーし上等じゃねぇか！」

口から直井二郎の名前が勢いで出掛かったが、その前に主人が、

「お、お、お水さんが召し上がるんで?」

私は黒い角盆の大きなヤツを両手に掲げて、わずかの道を歩いた。ガラスの器に入った冷や奴のぶっかき氷がカランカランと鳴っていた。こっちも睡眠不足と空腹で、夏の太陽が眩しかった。

楽屋に着いて机にお盆を置くと、同時に「黒い花びら」のエンディングが流れた。急いでおしぼりをつくり、舞台の袖にかけつける。

水原が降りて来る。顔をふく。おしぼりが放られる。受ける。白背広を脱ぐ。蝶タイ、サッシュ、次々と歩きながら脱いでいき、部屋に着くやズボンも脱いでバスタオルを腰に巻いて長椅子に座った。

目の前の長テーブルいっぱいの長方形のお盆を確認して、上に掛かった布巾をさっとめくった。その目に、真っ白な氷と、水に沈んだ奴が飛び込んで来る。

「うーん!」

水原が唸った。

「なべ!」

次の言葉を待った。

「お前、判ってんなぁ！」

箸を進めるおやじが見られなくて、私はシャツを干すふりをして不覚にも落涙した。

付人の無上の喜びを知った。

裕次郎・ひばり・水原・勝〜大物全員集合その二〜

四人衆の集いは、毎夜続いた。

あんなにタフな芸能人は居なかった。

何しろ一ヵ月、夕方六時から集まると、朝の七時には帰り、また仕事に出る。一体いつ寝てるのだろうと思った。

まだ私が二十歳だから、ひばりさんが二十二歳、水原が二十四歳、裕次郎さんが二十五歳、勝さんが二十八歳の頃です。

元気と言えば元気でしたが、それにしても人間ですから眠らないわけにはいかない。

あるよる、裕次郎さんが言いました。

「今朝は参ったよ」

「どうした兄弟？」

「勝よ、赤坂に停めといた車、取りに行ってよ、乗って帰ろうとしたのは良かったが、ぴったり付けといたから、あそこの塀をずりずりと擦っちまってな。撮影所で見積り出させたら八十万円だってよ」

「裕ちゃん、だからハイヤーにしなさいって、私が何時も言ってるじゃない」

ひばりさんの説は正しい。

裕次郎さんは料亭にも修理代を取られた。


「ナベ、バコタ！」

水原のバンド言葉は、ひばりさんも裕次郎さんもバンドとの交際があるから判っていても、勝さんには判らない。ちなみに、タバコのことである。

「兄弟もよ、ちったぁ歌ぐらいやったらどうだい。長唄は歌じゃねぇか」

裕次郎さんに言われて、勝さんは口を尖らせた。

「歌は兄貴の方で、俺は三味線だからね」

歌の話が盛り上がって、歌いたくなった大物たちは、その足で浅草の知り合いのキャバレーに飛んで行った。水原が懇意にしている人の店だった。この方の父親は、新宿の二丁目を仕切る和田組の親分で、後々東映の映画にもなった有名な人なのだ。

「どうしたんです」

和田さんが驚いた。天下の有名人が四人も揃って突然やって来たら、誰だって驚く。ホステスさんが驚いて、客に告げた。店は急に騒つきだした。

私はバンド部屋に走った。バンドマスターに面会すると、一気に話した。裕次郎さんはこの歌を歌いますよ、水原さんはこの歌にしましょう、ひばりさんは……と、決めた。

司会にも仁義を通して、それから和田さんに、「和田さんの方から、〝一曲お願い出来ないか〟と頼みに来てもらえませんか」と言った。

最初は水原の「黒い花びら」からスタートした。お客さんは喜んだ。すると、私の予想は外れ、水原自ら裕次郎さんを手招いた。司会者風に振って、「お客さんの拍手次第じゃ歌ってくれるかもよ」と煽動してみせた。美事な進行だった。

「俺は待ってるぜ」の前奏が流れ、裕次郎さんが歌い出すまで水原はステージに居て、安心して席に戻って来た。裕次郎さんはレコード歌手で、余りステージの経験が無いのを知っていたから、あがらないように出だしまで付いていたという、心憎い心配りだった。

続いて、バンドを休ませてアカペラで歌った「リンゴ追分」を見た人々が、美空ひばりの持つ本当の力量を目の当たりにした驚愕は、キャバレーの中の音を全て捨てさせ、静まり返った中に鼓動を響かせていた。

勝さんはじっと見ていた。

私は隅からこれを見つめていて、勝さんの心胸を推察していた。果たして、勝新太郎という人がこれをどう捉えるか、この現状をどう血肉とするか見つめていた。まだ自分の歌がない頃なのだ。

そして勝新太郎の天下が動いた。『悪名』の主役が待っていた。その後に『座頭市』だった。

キャバレーでの無念さは、嵐の前の静けさだったのだ。

勝さんの結婚秘話

昭和三十七（一九六二）年の正月明けに、勝さんから上京の知らせがあった。

その時の勝新太郎は前年九月に『悪名』が封切られてヒットし、『続悪名』も決まっており、中村玉緒さんとの婚約もあって、やっとスターダムにのし上がったところだった。

またも四人が集まって夜が深まったが、一晩中勝さんの映画構想の独壇場だった。

「こう、古い宿場町に人っ子一人いない。風が土煙を上げている。根なし草の塊がコロコロコロコロ転がって来る。肋骨の浮き出た犬が道を横切って行くと、向こうから、こう、杖をついた座頭が一人やって来る……」

勝さんは、最早カメラマンだ。

「よーし、その家の隙間から一人、向こうに走って消えろ！」

監督になっている。

「勝よ！」

裕次郎さんが止めた。

「俺達は何時間同じ話聞いてりゃ、気が済むんだ？」

「そうよ、あんたの婚約話はどうしたのよ」

「ま、それは置いといてだ。俺の企画をどう思う？」

「なんかそれ、黒澤さんの映画みたいじゃやねぇかよ！」

「そうそう。それより結婚式なんかどうなったのよ」

「ま、それは置いといてだね……」

「置いとけないよ」

そんなこんなで、結婚式が二ヵ月後の三月五日、永田雅一大映社長の媒酌で帝国ホテルで決まったと勝さんが言ったのは、朝方だった。

「そうだ、勝ちゃん、結婚式に玉緒ちゃんをびっくりさせる贈り物しなさいよ。玉緒ちゃんに内緒にしといてさ」

「お嬢」と呼ばれていたひばりさんの言葉に、三人が飲む手を止めた。

「驚きなさんな。何も何十カラットのダイヤを買えってんじゃやないのよ」

一人でグラスをゆっくり口に運ぶひばりさんを、四人が見ていた（私もそのうちの一人でしたから)。

「あんた、歌、やんなさいよ。玉緒ちゃんに歌ってやるのよ」

「そいつぁ良いや!」

「いいねぇ!」

二人の男が賛同して、一対三で衆議一決した。

ひばりさんのお呼びで、カウンターを出て四人のテーブルに行った。

「なべちゃーん!」

「あんた、『愛の讃歌』のレコード買って来てよ」

「そうだ越路吹雪の歌詞を変えよう」

「それがいい。なべ、お前歌詞つくれ!」

それも一決してしまった。

しかし、三人が一致したところで、勝さんには歌うという観念が備わっていなかった。まるで歌と縁が無いと思い込んでいる風だった。浅草のキャバレーで皆が客を唸らせていた時、一人ほぞを噛んでしょぼくれていたのは勝さんなのだ。俺は歌えないと決めてるのを無視して、三人は話を進めていった。

「バンドはお水のブルーソックスでいいだろう。バンドにアレンジさせて、最初はピアノだけで出て、サビからバンドが鳴り響くってのはどうかな」

裕次郎さんの案に、ひばりさんも賛同した。

「いいいい！　出だしはバラードよ！　玉緒ちゃんを側に立たせて、語りかけるように歌うのよ！」

ひばりさんがゆっくり歌ってみせた。

結局、勝さんに曲を覚えてもらうために、私が毎日、十日程帝国ホテルに通った。

〽玉緒と結ばれて　心に浮かびくる　あの日あの時　あの想い出よ

玉緒さんを見つめて、語りかけるように歌うという美空ひばり演出は、しかし勝新太郎という新人歌手によって台無しにされたのです。

結婚式当日、どうしても覚えられないからと言って、大きな模造紙に歌詞を書かせ、私に持たせて歌ったから、玉緒さんを見る余裕などまるで無かったのです。私はピアノの下に仰向けに寝転がり、勝さんの足下にカンペを広げていたのです。だから勝さんは、ずっと足元を見ながら歌っていたわけでした。

これが人前で歌った最初の記念すべき御披露目ではないでしょうか。
まさか、この人が一席十万円も取ってディナーショウをやるようになるなんて、裕次郎さんやひばりさんはおろか、結婚式に参列した誰一人も思いはしなかったでしょう。そうなるんですから、世の中って誠に面白いものなんですねぇ。

「バカか、お前は！」

勝さんの元に人は集まりました。その一番の原因は、勝さんの人柄でした。これは私が青春時代からお世話になったために、身贔屓で言うんじゃありません。あの荒唐無稽とも思える行動は、予測のつかないものでした。良く言えば無邪気で子供みたいな人で、悪く言えば……「バカか、お前は！」です。私がよく言われていたのですが、そのままお返し致します。とにかく物事の捉え方や考え方が、常人では考えつかないものでした。
私に話してくれたものや実際に見聞きしてきた事のほんの少しを話しましょう。

「お兄ちゃんがね、関西で博打で負けたらしく体取られちゃってね。俺ん家に使いが乗り込んで来たんだ。借金取りに来る奴ってぇのは、凄い恐い風のと、柔い頭良さそうなのが、コンビ組んでるんだね」

「はーぁ」

勝さんは話しながら、明らかに映画の場面を想像しているようだった。何時か、これを使って撮ろうかなと考えているのが判った。

「〝あなたの兄さん、若山富三郎がこれこれの額を負けてるから払え〟って言うんだが、俺にもそんな大金は無かった。無いって言ったら、恐い方が凄むんだ。そしたら優しい方が、〝あんたの手形でもいい〟って言うんだ。で、聞いたんだよ。〝赤が良いですか、黒が良いですか〟ってね。一枚で良いってんで、奥へ行ってつくって渡したのさ」

これは後に有名な伝説になってるが、まだ余り人に話してない時だから、私が最初に聞いたのかもしれない。部屋住みの時の会話だ。

「手形って言うからさ。色紙に俺の手形、ばーんと押してサインして持ってったんだ」

「俺は、この歳まで銀行のギの字も判らないから、手形なんてそんなものしか本当に知らなかったんだよ」

「はーぁ！」

「相手はどうしました？」

「うーん、しばらく色紙を見ていたよ。それで帰って行ったよ」

だけど玄関出る前に、相手は呟いたそうだ。

「バカか、お前は！」


また、ある時の話です。

「カット！」

監督の声が掛かって、次のカットの準備だ。わずかな時間に、おやじは赤電話に飛んで行く。手籠を引っ下げ、私が追う。

おやじは受話器を持って、料金を入れろのパントマイム。十円玉をジャラジャラ入れる私。

「えーと、勝だけど、十レースね。そう、十レース。一〜六を三十ね、三〜六を三十。えーと、六〜六を十、五〜六も十。それと、えーと、えー……」

　銭を入れろ、の合図。私はノートにおやじの買ってる馬券を記録しつつ、銭を入れる。

「えーと、二〜六も十だ。以上！」

　レースに間に合ってほっとしたのか、上機嫌でスポーツ紙を見る。

「勝さーん！」

　現場で助監督の声がする。動かないで新聞のスポーツ面を見ているから、若いのが飛んで来ている。

「ほいっ！」

　新聞を私に放って、満足そうに撮影現場へ向かう後ろ姿を見つつ、新聞のオッズに目を移す。

　私は目を疑った。おやじの買った馬券は、何が入っても金額が合わないのだ。買った分より低いのだ。取れたとしても、だ。競馬は入るとは限らないのだから、みすみす中央競馬会の思う壺（つぼ）ではないですか！

「おやじさん、これってまずいでしょ！」

勝さんも新聞を見ている。

「断ったら如何ですか?」

勝さんは腕組みをした。

私は電話の小銭を用意した。

ぱっと腕を解いて明るく言った。

「これは俺が買うんだろ。俺が買うんだよ。バカか、お前は!」

損をするのはお前か? 胸に手を当てて良く良く考えてごらん! と言わんばかりに自信に満ち溢れて、歩いて行っちゃった。

胸に手を当てて考えるのはどっちなんだろうなんて、考えないのが付人です。

「バカかっ! お前は」

本当にもう、私がバカでした。

火野正平さんの破天荒さ

火野正平さんは、破天荒な役者です。

ずっと子供みたいな性分で、形だけ大人になってる人です。役者が根っから好きで、仕事さえしていれば嬉しいというタイプです。いや、女と博打も少し嬉しいのかも……。

ある時、鶴田浩二さんに麻雀に誘われ、火野さんはギャフンと言うまで負けた。一緒に鶴田さんと仕事をしていたけれど、毎月のギャラは支払いで飛んでいき手元に残らない。ホテルにも泊まれなくなって、火野さんは勝新太郎さんを頼りに行った。

そこで、勝さんにも博打に誘われた。断ればいいのに、世話になっているし、根が嫌いじゃないしで、断れなかった。

持ち金の全てを失くして、ついにはマッチ棒での勝負となった。ポーカーだと言う。段々額が大きくなっていって、ついに、「この辺で止めとけ！」と勝さんが制したそうだ。

明くる日、火野さんが勝さんの仕事場へ電話を掛けて来たそうです。

「勝先生、お願いがあります」

「うん、なんだい？　言ってごらん」

「あのぅ……昨日の借金、半分にしてくれませんか？」

「半分?」

「はい、半分にしてくれたら、今日これからお払いしに上がります」

勝さんは一瞬考えたそうだ。何しろ正平さんの負けは三千万円だったという。

「千五百万かあ」と勝さんは考えたが、どうせ取れっこない金だから、半分だってオンの字だと。

「いいだろう! 半分でいいよ」

「本当ですか! 武士に二言は無いですね!」

「バカヤロ、俺は今、武士じゃない。座頭だよ! だが、勝にも二言は無い!」

きっぱり言って、撮影をしていると、正平ちゃんがやって来た。

ディレクター・チェアにどっかり座った座頭市の目の前に、一枚の紙を広げた。そこには黒々と、〝30,000,000円也〟と書いてあった。

火野正平は、その紙を真ん中からビリビリと破くと、半分の紙と三枚の千円札を置いて、頭を下げて帰って行ったのでした。

「確かに半分だよなぁ」

気分良さそうに、座頭市が微笑んだ。

京都の家を失くしたギャンブル

東京プリンスホテルの窓は、吹き付ける雪が張りついていて、昼でも暗かった。

「この部屋にね、よく知ってた大映の役者が訪ねて来たんだよ。こいつが運を運んで来たんだな。

はじめは五百万貸してくれって来たんだよ。自分は今、遠洋漁業をやっていると言うんだ。それって何だって聞いたら、これが面白い。まず大きな漁船を借りるのさ。ま、借りると言うより、一億なら一億で一航海買ってしまうんだ。それで漁をして三ヵ月後に魚を満載して還って来る。その魚が全部、買い主の物なんだ。

しかし、漁獲した中に鮪（まぐろ）がどれだけ含まれているかで、売上がうんと違うんだぞうだ。これが博打なんだ。面白い商売だろう。男のロマンって商売だ。それに五百万乗らないかと言うんだ。五百万が幾らになるって保証は出来ないが、損なんて絶対させないよって言うんだ。

で、ね、五百万渡したんだよ。三ヵ月経ったけど連絡が来ないんだ。やられたなと思ってたら突然連絡が来て、ここに来たよ。海がしけて、操業出来ずに日延べが重なって、やっと還って来ましたって、ここへ一千万の金を積んだのさ。

俺もたまげたね。〝借りた五百万に、勝ちゃんの取り分五百万付けてお返しします〟ってんだ。鮪が多くて嬉しかったってさ。

それで、そいつが言うにゃ、今度はこの一千万を預けないかと言う。俺ね、ここのトイレの鏡でね、つくづく自分の顔を見ましたよ。〝おい勝、世の中そんなに旨い話は転がっちゃいないぞ〟って言い聞かしてね」

私はうなずくだけだ。

「で、結局、渡したのさ」

「あーっ……」

「バカ、お前。これが二千万になって返って来たんだよ」

勝さんは子供のように笑った。人には添うてみろ、馬には乗ってみろだから、人は信じてみろじゃないのかと、屈託ない目で見つめられた。

天も見ているのだ。さらに二千万が四千万を呼んで、勝さんは勝負に出た。家を担保にすれば大きな金が借りられると教えてくれたのも、この友人だった。

勝さんにはギャンブルの天分たる度胸は充分備わっていたし、思い切りの良さも申し分なかった。

残念ながら、それを天よりも知っていたのが、この友人だった。

勝さんは、二つの事を知らなかった。

一つは、己の賭博気質を一番知っていたのが友人だったという事。

もう一つは、勝負に最も大切なのは運だという事。勝つには、勝ち運という運気を察知する感性が不可欠なのです。これも勝さんには立派にあるのです。

しかし、この感性を鈍らせるものが、欲です。それが出た時に負けです。欲はさらにこれを取り返そうとする欲を生みます。泥沼に落ちるのが、これです。

「欲が出たんだよ」

自身の反省の弁でした。判っているんです。

私が住み込んだ家、玉緒さんが二人の子を産んだ愛の巣は、こうして「海の藻屑（もくず）」と消えました。勿論、この友人も消えました。それっきり。

京都へ行くと、私は青春の陽の中で、裸でぶつかっていった勝新太郎との庭での相僕を思い浮かべます。短い日々ですが、勝さんから頂いた想い出は山程あるのです。

私に長男が生まれた時、勝さんは息子の名で銀行の預金通帳をつくって一万円入れ、判子も一緒に祝いとして下さいました。なべやかんの誇りになっています。

信長様はやっぱり凄かった

人間って、とんでもない事で判らされてしまう事ってあるよね。

それは今考えれば、青春時代に燃え盛って、花形さんや二郎さんに封印されて納めた、私の半端な血気なのだけれど、どうしても抑えられずに行動に出た事があった。


「さっきの話は、嘘だったと言ってぇ！」

寝入りばなに、いきなり暗闇で縋り付かれて目を覚ました。

同棲している彼女は、東宝の新進女優で、松林宗恵監督が可愛がっていたり、加東大介さんや藤本真澄プロデューサーが目をかけていた。

その彼女と一緒に暮らすようになったのは、デビューして直ぐだった。

どういうわけか私の所属事務所は、結婚という事になると、否定的な見解が答えとして出て来るのが常だった。

私は別段隠すつもりもなかったから、平気でマネイジャー達と卓を囲んで麻雀に熱を入れたりしていた。

ある時、家に帰ったら彼女が七転八倒していて、救急車で入院する破目になった。一応、笹るみ子という売れ始めていた女優だから、私達には分不相応でも私は個室に入れさせた。十日の入院で済んだ腸捻転だったが、退院する段に為って慌てた。私のタレント一年生の月給が三万円だったが、請求額は何ヵ月分のものだった。そんな手持ちがあるわけなく、渡辺プロへ走った。そこで私等タレントのボスたる制作部長の返事は、にべもないものだった。

「責任も取れないのに、女となんか一緒に暮らしてるからだ。ケツなんか持ち込むな！」

無理もなかった。

一本立したての頃なのだ。

東京オリンピックが終わったばかりで、熱気がそこここに残る師走だったが、私は寒さが身に染みた。この時の急場は、VANの石津謙介社長に救ってもらった。

さあ、こうなると私の同棲問題は、事務所内で問題視され出して、何かにつけ上司から文句が出る始末となってしまった。

笹るみ子の耳に、自分の事務所での不賛成の声など聞かせたくなかったが、この人はまったく一緒に外へ出掛けよう等と言わなかった。外の風に当たろうとしない。私も、月給三万の駆け出しなのに、彼女はテレビ一本で三十万円取って来るのだったから、バランスが取れないから仕事は止めてくれと頼んでいた。それで彼女は言った。

「私は女優をしていたから、着る物も持つ物も揃っています。三年間は何一ついりませんから、四年目にセーターぐらい買ってね」

そうして、私のアパートに籠って、友達に来てもらって、料理、裁縫、編み物などを、毎日毎日繰り返していたのだ。お蔭で子供達の物も私の物も、苦しい家計の時代は手製の品が造られたものだった。

そんな女を手放すことなど出来やしない。

後方から聞こえて来る声は、全て野次だと考えて反応をゼロにする努めに徹した。

入院から帰ってすぐに正月が来た。

この頃が一番苦しかった時代だが、その後も数知れない辛苦が襲って来る人生だから、その一つ一つを乗り切る事に必死で、過去の苦しさは妻も私も心に残しちゃいない。

捨てないと生きていけないからかなぁと、今頃の歳になって思う。今もって、明日の太陽に希望を夢みないと、楽しく生きられやしない人生を過ごしているのだから。

でも退院したての正月、松の内が明けない六日に、渡辺プロのビッグイベントが開かれた。

「新春恒例新年会」は、業界でも評判の「電通新年祝賀会」と並ぶ豪華パーティーだった。渡辺プロが総力を上げてパーティーを挙行した最大の眼目は、招待客を喜ばせ楽しませ、満足してお帰りいただく事を主眼としていた。それが渡辺晋・美佐夫妻の偽らざる気持ちだった。

「エンターテインメントは楽しくなくちゃ！」が、社長の基本姿勢だった。

ウチは芸能プロなのだから、多くさんの財産を抱えている。それが有名なタレント達だ。だから、他に出来ないパーティーとは、会場の至る所にスターが散らばっていて接待し、会話も出来れば写真も一緒に写ってくれるって親近感溢れるものなんじゃないかな！　と。それが本音だった。

何処のパーティーだって、自分の社の宣伝でいっぱいが本当のところなのだ。懸けた金だけはＰＲして、元を取ろうと考える。

それを一蹴して、渡辺プロの宣伝臭などケも出さず、招待客を渡辺プロ総出で歓待する。渡辺プロダクションの名は、後で付いてくると考えたのだ。

従って、ザ・ピーナッツ以下、ハナ肇とクレージーキャッツ、ザ・タイガース、布施明、伊東ゆかり、中尾ミエ、梓みちよ、園まり、沢田研二、ザ・ドリフターズ……などが、ホステス・ホスト役として全員心構えして玄関に居並んでお迎えするのだ。

時代ごとにスターは増えてゆき、小柳ルミ子、天地真理、アグネス・チャン、トワ・エ・モワ、太田裕美、森進一、キャンディーズ……とその時のスターが揃いのハッピを着て随所に居るパーティーが出来上がった。

この時代、それだけの顔ぶれを居並べるだけでなく、胸元に自分の名を白字で浮き上がらせた人気歌手などをホステス・ホストに役付かせるアイデアを持つ芸能プロなど類が無かった。第一、そんな人数のスターを抱えるプロが無かった。

この新年会にタレントとして加えられる誇りったらなかった。

自分も渡辺プロのタレントとして、立派に看板を背負ったんだと自負出来たから。

だから、この日は各人各様の思いで東京プリンスホテルに出掛けた。

この年、昭和四十二（一九六七）年の一月六日。

私は二十七歳。

昨年開催の渡辺プロ新年会は、各所で評判となっていて、社長夫妻を喜ばした。

思惑が当たったのだ。

「楽しくなくっちゃ！」

それが私等の産業の根本原理だとする「渡辺晋イズム」の成功だった。

「楽しい会だったね！」

そう言われる事と、

「今年も観たよ！　面白かった！」

と、事務所のタレントがわんさか出演する、フジテレビ恒例の「新春かくし芸大会」を誉められる事が多大になった。

気合を入れた二回目の新年会だった。

会は盛り上がった。

が、私は重い心を引きずって帰った。

知りあいのプロデューサーたちから、散々からかわれたのだ。

「何んや、あんた同棲してるんやて？　半端なくせにやる事は一人前やなあ。社長が言うとったで、大阪にでも二、三年修業に出すかなあって！」

「えーっ？　まだ女を食わせられやしないだろう？」

「食わしてもらってんのか？」

「ヒモみたいな真似、やめとけや！」

その場の雰囲気や酒の昂揚も手伝って、ひとしきり私をネタに、テレビ局関係者の輪は盛り上がった。

私だけが沈んだ。

大阪へ二、三年修業に行かせるという文言だけが頭を真白くさせて、黒々と残った。

私達は、夜十時から二時間、同棲について話しあった。彼女は冷静だった。怒りも沈みもしなかった。

彼女は静かに言った。

「別れましょ。男は出世街道、歩かなくちゃ。仕事を選ぶべきよ」

それから又話し合って、結局、私が出て行って、三年後に迎えに来るからと結論が出た。

「さっきの話は、嘘だったと言ってぇ！」

悲鳴に似た声で彼女は慟哭し続けた。

私はこの時知らなかったが、彼女は身籠っていたのだった。

私に取り縋(すが)って泣く彼女の背を、黙って叩いているうちに、プチッと、切れた。

胸の内に高まってくる衝動は、徐々に形となっていった。実にしっかりとした観念と踏ん切りを固めてしまったのだ。

私は静かにベッドを降りた。

暗い中で着替えて、コートを羽織って外に出た。心の湿気で身が凍った。

タクシーに乗って間もなく、想像も出来ない程の身震いが、身の内から突き上げて来た。それは、私の身体を飛び上がらせ、タクシーの天井に激突しかねないくらいのショックだった。私が経験した事もない武者震いだった。心では絶対に、あんな不評をばら蒔いた根元は社長だと見極めたのだが、面対してはっきり確認したかった。そうだと判ればそれなりの覚悟は決めていた。私の頭は真っ白だったが、抑えられない体の振動が襲ってくる程の固い決意だと、自分で納得していた。

「もしかしたら、家へ帰れなくなるかもしれないなぁ」と、ぼんやり思った。

何回も突き上げて来た胴震いが止まった。

タクシーが停まった。

社長の家だった。

深夜とはいえ正月松の内だから、突然の訪問にも渡辺家は対応が出来た。それに、普段から、客が夜遅く迄、絶え間なく居る家だから、何交代かのお手伝いさんが居た。

住み込みの人が出たから、日頃から顔馴染む私だから応接間に通された。

すぐに社長がガウンに手を通しながら現れた。顔を見るなり笑った。私は笑顔を返せなかった。

「よっ、なべ、遅くにどうした？」

私は冷静のつもりだったが、恐らく真っ白な強張った顔だったろう。

社長はお屋形様で、こっちは藤吉郎だときめていたのに、何故かしらこの場の自分は明智光秀の気がしてならなかった。

深深とした静けさの中で冷気が増していた。私が口を開かないから、社長はストーブをカチャカチャさせ火をつけた。

ゆっくりとソファに座って、

「うん？」

という風に私を見た。

まさに信長様だった。

こっちは今にも豹変して明智になりかねない気分を抑えて、やっと言った。

「社長、社長はどうして私の結婚に反対しているのですか」

「反対？」

と社長は、異な事を聞いたというような顔付をした。私は「おや？」と思いつつ次の言葉を待つ波動を投げた。社長は受けて、

「うん、俺は反対なんてしていないよ！」

その語気は強かった。

「いいかなべ、俺は考えていたとこさ……」

腕を組んだ。

本当に首を傾げて考えていた。

首が真っ直ぐになって私を見た。

「男はな、嫁を取る時にはな、相手にはな、むけの贈り物をしてやらなくちゃいけないよ」

「……？」

「お前、結婚は三年早いよ！」

と来たら、どう対処しようかと固く決めて来ていたから、少しはぐらかされた。

「お前の男の花道をな、花嫁に見せてやらないとな……考えてるんだよ俺は……」

率直に言おう。

この人に立ち向かったって、かなうわけがない。勝てっこないのだ。

隣室には、書生として住み込んでいる井澤健が、じっと控えているのだろうし。良く出来たお手伝いさんが、笑顔でお茶を運んで来て、無言で出ていったし。

突然社長が起った。

「よし、なべ、るみ子が心配してるだろ。明日、いや、もう今日か、一時に事務所来い！」

一時に突然やって来たが、一時に日比谷の事務所へ来いと言う。そして一時から一三時で、私の何年も悩んだ同棲問題にけりがついた。

「忘れない日に結婚しろよ！」

と、社長が決めたのは二月十四日。

やっぱり社長は信長様なのだ。キリスト教徒かもしれない。二六九年二月十四日、ローマの司祭、聖バレンタインの記念日だもの。

「この日だけ、女が男に愛を告白出来るって日だからな！」

社長のお蔭で、うちは結婚記念日以外は、毎日愛を告白せよと責められている。

そして社長が私に下さった男の花道は、笹るみ子への贈り物、松竹映画、昭和四十三(一九六八)年山田洋次監督『吹けば飛ぶよな男だが』です。

渡辺プロを離れて

「いいか、ワシ、何時も言うとるやろ。やくざやるんやったら、手近なとこにいーい兄やんがおるやろ。それを必死で見習えて。ひとかどの兄ィになったら、どこぞの親分に、手本となるやくざがおるやろが。それを真似たらいいんや。自分が親分になったら、こういう人になりたいなという立派な親分がいてるやろ。それを見習うこっちゃ。やくざかてカタギかて、一生勉強や!」

その人の前には、屈強な男達が二十帖程の座敷にびっしりとコの字に座っていた。三十人は下らなかっただろうか。

「ええか、この男はな、やくざやったら売り出し中の若い衆ちゅうとこや。それが今度、しばらく仕事休んで、森繁久彌さんの付人をやるって言うとんのや。今更付人やらんでも、勝新や水原弘やハナ肇の付人を五年もやって世に出た男や、立派に食うていける。せやけど、ゴールデンなんとかっちゅう賞もらってな、原点に還ろうちゅうて、自分の世界の大親分の森繁はんの付人をやる訳や。これ、ワシが日頃言ってる事を、身をもって示してくれてるって事やろ？　なぁ、そうやろ？　どや？」

ボンノこと、菅谷政雄組長(ボス)は一同を見回した。居並ぶ人々も、名乗ればそれぞれが人に知られた御歴歴なのだ。

昭和四十九（一九七四）年五月、私は三十五歳で渡辺プロダクションを離れた。テレビ局の発展にともない、時代の寵児の如く突出した芸能プロからの独立は、今考えても無謀で身の毛も弥立(よだ)つ。

無我夢中で井上ひさしさんの『たいこどんどん』の舞台を務め上げると、昭和五十（一九七五）年の「ゴールデン・アロー賞」演劇部門新人賞を授かった。嬉しくなってパーティーを催したら、出席してくれた東宝の演劇プロデューサーに諭(さと)されたのだ。

「ね、山田五十鈴さんはね、芸術座が決まるとね、二ヵ月前から帝国ホテルに泊まって、毎日稽古場にやって来て、たった独りで着物の引き摺りや、三味線の稽古をね、なさっているよ」

　その眼は笑っていなかった。

　即刻その場で私は原点回帰の付人修業を決意したのだ。それは直ぐ芸能誌に載った。

「自殺を決意するほど貧困」

「渡辺プロを恐れて、森繁の傘の下」

と様々だったが、組を抜けたやくざも、巨大事務所を辞めたタレントも、生きていけないのは似ていた。しかし、性分というものは仕方ないもので、本当に損だと判っていても、突き進んでしまうのです。やはり、血というものでしょうか。

「付人やりたくとも、家族を食わせていけんのや。どや、ワシラはやくざや。表立っては何もでけへんやろ。裏から助(す)けてやろうやないか」

　菅谷のボスの知識は、「週刊平凡」そのままだったが、一門の親分の御厚志は、回した帽子の中にうず高く表れていた。

側に居た浅野という親分がまとめて、ボスに渡すと、菅谷さんがさらに財布から札を加えて私に下さった。今でも私は忘れていない。

「奥さんに渡して、付人やらしてもらえ！」

ボスは、私の家のボスが誰なのかを見透かしていたのだった。

菅谷さんの言葉を聞きながら、私はドキドキしながら、自分の生きてきた道をたどっていた。確かに自分は、すぐ近くに心酔する人を見出して生きてしまう癖があった。

その原点で光を放っていたのは兄なのだった。

亡くなった兄のこと

ここで一つ、これまで見てきたような行動を取る私の、全ての元をお話ししてみたい。

最近、兄の遺稿を発見しました。四歳上の兄・渡辺陸は、七十七歳で逝きました。追悼と感謝を込めて、兄の事を紹介します。

天はまったく良くしたもんで、チビにはデカには備えぬデッカい肝っ魂を与えてくれる。

体の大きな兄は、私にとっては父より身近な男として憧れの的だったが、兄にしてみれば私は七面倒臭いチビでしかなかった。

父は終戦直後、焼けてしまった煙突工場を再建するため、家族を残して、四年間はほとんど東京暮らしを続けていた。

だから母、姉、妹二人と女上位の生活の中での男二人にとって、兄は私には父同然の存在だった。兄を見習っておけば間違いなしだと思えた。学校に上がるまでの私には、それこそ兄はピカピカの男で、輝いていた。

だから全てを兄に殉じて止まなかった。

兄がトマトを好きと言えば、トマトが私の好物になった。どこで習ったか「西瓜なんて、水分ばっかりだっぺ！」と兄が言えば、好きな西瓜の私の分を卓上に放り出した。

「仕方ねぇ、オレが食べっぺ！」

兄の謀略も策略も判断の外だったし、兄が投げ出した西瓜には、全く赤い所が無いなんて事も知らずに満足だった。兄が西瓜を放り出したのだから、ボクが食べてどうするって意気が充満していて、私は兄の一派に加わった充実感に浸ったのだ。

「六大学は早稲田が好きだ」と兄が言えば、「オレも！」と身も心もワセダに没した。

兄はそれを嫌った。

「お前は慶應にしろ。命令だ！」

「うん、ケイオー……」

一応納得してみせたが、兄より早く一言一句間違えずに歌った。「都の西北　早稲田の杜にぃ～」と。

今でも早稲田と巨人が大好きだ。兄なんかとっくに巨人離れしていたが、私は代わりにずっと守ってる。妻の兄のドーム年間シートに座ると、義兄よりも兄の陸に感謝が込み上げてくる。よくぞ、巨人を好きにさせてくれたと。

私の兄はからきし弱くて、どでかい体で泣きじゃくりながら、藁葺き屋根の我が家に帰ってくるのが度々だった。

「おさみの魂を、陸が持っていたらねぇ」

私は記憶にないが、母がよく話してくれたそうだ。

「兄ちゃん、誰がやった！」

私は執拗に聞くと、黙って姿を消すそうだ。

一時間もすると、苛めた子の親が、

「あんたんとこのおさみちゃんが、私ンとこの食器を、井戸端に洗って置いといたら、全部井戸ン中に放り込んじゃった！」

と、怒鳴り込んで来たそうだ。その場は弁償するって事で話が収まった。落着した頃、高ぶった気持ちを野面で冷ました私が、素知らぬ風で帰って来る。

それが三度くらいあって、「おさみの前で泣きなさんな！」と、兄は強く母に約束させられた。兄は、家の前まで来るとピタリと泣き止んで、敷居をまたいだ。

それでも溝にでも突き飛ばされたのか、衣服がずぶ濡れで戻って来た事がある。泣き止んではいるが、兄の黙っている顔に無念さを見て取った。

「兄ンちゃん、誰にやられた？」

母のあの言葉が重かった。兄は白を切った。

村の中で、水溜りは一ヵ所しか無い。その近辺には三軒しか家が無い。子供は二軒しか居ない。私は飛んだ。

茶碗は沈んで駄目だが、干してある洗濯物を二軒共、井戸に放り込んで溜飲を下げた。

「兄ンちゃん！　仇とって来てやったぞ！」

そう言った途端、兄がわーっと泣いた。飯島さんちにも大谷さんちにも悪い事をしたとは思わないのに、兄には済まない気がした。

学校へは終戦の翌年に上がった。

面接の時、気を付けして、いきなり「教育勅語」を高らかに奉じたら、「あっあっあっ！」と手で制せられた。それでもう副校長は「あっあっ先生」としか呼ばない事にした。

鯉淵小学校では、つくづく身のコマイ、チンチャイのを痛感させられた。どんなにやる気満々でも、体の小さい奴は、それだけで軽く扱われてしまう。

こいつは捨て置けない奴だなと思ってもらうためには、並々ならぬ実戦が必要なのだ。一回二回ぐらいの喧嘩では、誰も注目などしてくれはしない。一日一回でも駄目かもしれない。

後で考えると、これは兄の願望だったのだろうなと納得したが、それに気付くまでに五十年ぐらい掛かったのだから、私は間違いなく凡人なのだろう。

それは入学式の当日だった。

盲目的に敬愛する兄は、「一緒に行ってやりなさい!」との母の言葉に、口を尖らしてみせた。私には兄が喜んでいるのかいないのか、瞬時に納得出来た。

だが母の方が上手で、「お父さんに、そう報告しましょうか?」。

兄はピクンとして、「行くべ!」と先に立った。兄の行動は、全て父を見据えていたのだと思う。

「おさみ! 兄ンちゃんと約束しろ!」

「えっ?」

「学校行ったら朝礼があって、全校生徒が校庭に並ぶんだ。お前はチビだから組の列の先頭だ。そしたら後ろさ見ろ! 一番後ろに並んでるでっけえ奴んとこ行って、何も言わず、思いっきり殴りつけて来い!」

「………」

「どうだ? 出来るか?」

「……うん！」

「じゃ男の約束だ！」

出された小指に私の小指を絡めて、固く力を込め合った。

男とはこうした誓いの行為が、天地が裂けようとも守らねばならない大切な儀式だという考えが、入学式に向かう道すがら、私の体を貫いたのだ。

校門を入る時、兄は小指を出して私に勇気と促しを与えた。

間違うと小指が飛ぶのは、いかに約束が固いかの証なのかもしれない。固くないと、小指が飛ぶ。私の世界の話ではないが……。

で、私は小指の爪も飛ばさぬほど、しっかりと言い付けを守った。列の最後方にいたのは迷惑にも檜山君で、体も大きいが、度胸も据わった男の子だった。

いきなり真珠湾攻撃の如き先制攻撃に檜山君は驚き、ぐわーっと泣いたが、現実に返ってみると、眼の前にいるのはちっぽけな日本人一人。一気に大国の巻き返しが襲う。

当方小国日本は小回りで逃げるも取っ捕まって、くんずほぐれつの取っ組み合い。かなうわけが無い。

勝負は直き、ミッドウェー海戦や広島、長崎への原爆投下に匹敵する結果になったが、私は無条件降伏はしなかった。私は泣かず、檜山君は泣いたのだ。皆がそれを見ていたのだ。

「小よく大を制す」「先んずれば人を制す」を身をもって知った。

腹を据えてやれば、檜山君の方が分があったと思うが、彼とはこれ一回しか争っていない。檜山君が私に敬意を払ってくれたからだ。

学校中がチビとデカの死闘を見せつけられた上、本当に強い檜山君が私に従う素振りまで平気で見せたから、同学年からの挑みはまったく無かった。

それでも私のような開拓団の子には、本百姓の子は黙ってはいなかったから、

「お前ぇだっぺ？　ゴジャッペ（わからず屋）のチクラッポ（嘘つき）は！」

などと上級生が絡んで来たりした。

この一年生時代に気が付いたのが、私は黙ってすっ込んでいるのが出来ない性分だという事。相手が二年上だろうが、三年上だろうが、そんな見当は消し飛んでしまう。俗に、頭に血が昇るというやつ。一気に「ニイタカヤマノボレ」だ。

入学式のために揃えてくれた慶応服も破れ、それを繕ってくれた洗濯後の洗い晒し

の学生服も、毎日ボロボロ、ドロドロになって戻って来る。今日も明日も本百姓の子相手に、「トラトラトラ」だったのだ。

　私は毎日学校へ出掛ける前に思ったものだ。

「本日、天気晴朗なれど、波高し。皇国の興廃、此の一戦にあり」と。

　兄はこの入学式以降は、ほとんど大人になっても口を利いてくれたことがなかった。

　入学式から帰って来た私の姿に驚いたのだ。たまげたなんてものじゃなかったろう。紫色に腫れ上がった顔面や、案山子（かかし）のような衣服に肝を潰したに違いない。

　私は十九で、独立独歩の人生に乗り出して以降、生家に戻る事なく生きてしまったから、兄との会話がまったく無かった。

　学費も生活費も下宿代も、全て己で稼ぎ出さねばならなかったから、下積み時代には頭から「払いの金」が離れた事が無く、実家に思いを馳せる機会を失くしていたのだ。

　しかし、何も私の人生に関わりが無いように思えた兄なのに、実は絶大な影響を私に与えていたのだと気付かされた。思えば、あの入学式からの無謀さで四年生までを暴れ回ったからこそ、それからの私が仕立てられたのだと思う。兄が去るとその息子の岳人が何かと身近に為って、私もやかんも大いに助けを借りている。これも兄の恩恵だ。それにしても、赴くままに生きている私の人生は、今でも変わる事無く失敗だらけで恥かしい。

あえて、その恥をしのんで有りのままに書いている。

第三章 「本物」のやくざを教えよう

津村和磨　沖浦和光　上杉佐一郎　松本治一郎
益谷秀次　菅谷政雄　司忍　波谷守之　鶴田浩二　林家三平
牧伸二　世志凡太　高倉健　谷啓　植木等　舟木一夫　船越英一郎
浅田照次　田岡由伎　田岡一雄
天皇　皇后両陛下

アウトローの発生

太古の時代には、大自然の中であるがまま生きていたのが人間です。生かされていた、と言うべきで、それはあらゆる生命体が大自然の為すがままに次代へ命を継承させていたのです。そして、その根本に存在していたのが、太陽です。

人間にとっても、太陽はあらゆるものの中心で、原始の時代から太陽こそが命の根源だと知っておりました。ですから太陽は崇められ、畏れられ、感謝されてきたのです。こうした崇拝は、やがて宗教的な形態となっていきました。

そして、人々の願いを込めた祈りが加わり、太陽の恵みを願う呪術師が出現してきます。この時、神に祈る方法の中から踊りや音楽や演芸が生まれたのだと、私は大学で教わりました。

こうした原点を考える時、忘れてならないのは、人間の労働だと思うのです。世界中の何処の集落でも、生きていくための糧を得る事が第一です。太陽が当たり、全ての生物が生きていける場所を求めて、人間は放浪していたのでしょう。そうして良き場所を発見するや、そこに住み着き、子孫を増やして定住したのです。水があり、木々があり、動植物が豊かな地は、他の人々にとっても求める場所です。このため、絶え間ない闘争の歴史が地球全体にあるのが、人類の今まででしょう。

働く事は、生きていく基本です。生きるための必死の行動しか存在しない中では、誰もが力を出し合って糧を手にしなければなりません。

しかし、きちんと統制が取れ、食の生活が安定してくると、この余裕の中に非生産的な人間が出現してきます。充分に食の安定が満たされ、生きていく上での安寧さがもたらされると、いつしか定められた規範から外れる人々が出て来るのです。つまり、一定の枠の中では生きられない人達です。特別に才能が秀でていて、海に漁に出る事も、畑で収穫する事も、山で猟をする事も興味を持ち合わさない人間が現れるのです。

これが土器をつくったり、衣類をつくったりなら良いのですが、絵を描いたり歌ったり踊ったりの才能では、余程豊かな集落でない限りは異端者になってしまったでしょう。今の言葉でエンターテインメントとなる演芸の分野は、ある時代までは完全な外れ者、つまりアウトローであったでしょう。

この他にも、単純に働くのが嫌な人間や、暴力的で社会から外された者や、酒に酔うと手がつけられない者などが、社会の中から食み出てしまったのです。こうした人間達も生きていかなくてはなりません。

この事を説明する前に、まずは現在に続く、いわゆるやくざについて考えてみます。

二つのやくざ

やくざは、二つの分類が出来ます。

一つは、博打を業とする博徒です。これは渡世人と呼ばれました。

もう一つは、祭礼や盛り場の路面で物を売る、香具師。野師とも言いました。仏教が伝来して、仏具を売る段になって困った時に利用されたのが、武士の職を失って浪人となっている元御家人です。この人々は、学を修め常識に長けております。当時には高かったろう仏具の類を、近郷の分限者(有力者・金持ち)に売り捌くには、応分の能書きを並べる必要がありました。それに適合したのです。

しかし妻子を養うためには、少々の誇りを捨てなくてはなりません。人が「香具(こうぐ)師(し)」と言おうと武士のプライドが許しません。それで自らは、皆、野に下った武士と称し「野武士」と名乗りました。

が、世の風は冷たい。武士の方からも文句が出ました。「武士でなくなった者が武士と名乗るのは、如何なものか！」と。

解決策は、「武」を取り去る事に決着させられました。「野士」です。野に下った士です。ここから人々は香具師と書いてヤシと呼びました。この人々が被差別民の中に組み込まれましたから、物売りは町屋と呼ばれる表通りでは商売は出来ないわけです。そこは商人の場所で、香具師は祭礼の寺社境内や河原に生活の場を求めました。

香具師はテキヤと今は呼ばれていますが、それは江戸時代に入り、「店を構える者は、その店名を奉行所に届け出よ」と御触れが出たのがきっかけです。当時の江戸の裏店(うらだな)で香具師の人々は、半弓を使った射的(しゃてき)屋をやっておりました。これは表向きの商売で、二階で時間で体を売る射的娘の売春が本当の業でした。いわゆる青線です。そして店先には大きな射的がぶら下がっておりましたが、店名などありませんでした。それでお上への申告書には「的屋」と書いて出しました。マトヤです。これを役人は

「てきや」と勘違いし、以後は香具師、野士、的屋となったのが、真実です。でもお上はいつもミスを認めません。

この的と野士の「や」を合せて、「やてき」とし、業界言葉の倒語から「てき・や」としたとの説は後付けでしょう。この人々は博徒の渡世人に対し、稼業人と呼ばれるのです。

「縄張り」というのは、その土地の寺社の祭礼で、稼業人達が店を出す場所は、その地の親分の仕切りで境内や寺社の門前に決定されました。そこを区分するために、縄を張って示しました。それで縄張り内を、「シマウチ」と呼ぶ事になったのです。

この稼業人達の敬う神様は、仏教の渡来が中国を経てきた関係から「神農（しんのう）」を奉ります。片や渡世人が敬うのは、「天照大神」となるわけです。

やくざの誕生

辞書によると、やくざの語源は「(三枚ガルタという博奕（ばくち）で、八九三（やくさ）の目が出ると最悪の手になることから）①役に立たないこと。用をなさないこと。まともでないこと。また、そのもの。②ばくちうち。やくざもの」とある。

実に、いいかげんだ。

私はやくざ的な人間の出現は、社会が文化的な側面を有して、街として成立した時にあったと思う。つまり食うや食わずの中で、人間が山野を彷徨(ほうこう)している時代には、今で言うやくざ社会など存在していないと思っている。何度も言いますが、本当のところでしょう。

大自然の中で生息している動物は、それぞれが必死に生き、壮烈に死んでいく。極言すれば、少しの甘えも同情もない苛酷な世界で生きている。サバンナで目の見えないライオン、耳の聴こえないハイエナなんかが生きていけない、厳然たる事実がある。

だからと言って、愛もあれば、お互いを守り合う心もある。

ただ、動物の世界には、絶対的な法則がある。それが、弱肉強食や食物連鎖だ。

人間だけがこの掟から外れた。そして定住し、群れて、食を確保した。余分に蓄える手段を生みだした。

生活が安定して文化が発達した時点で、朝起きて働き、陽が落ちたら寝るという生活習慣に馴染まない人間が、どうしても出て来る。こうした者は、どう呼ばれたのだろう。

厄介者（面倒で、迷惑な者）
与太者（知恵の足りない、でたらめ人間）
ならず者（悪いことばかりして手のつけられぬ者）
ごろつき（一定の住所無くうろつく者）
はぐれ者（社会から逸れた者）
突破者（障害となるものを勢いよく破る者）
乱暴者（協調性の無い上に暴力的な者）
暴れ者（乱暴な行為を喜んで行う者）
半端者（する事に抜かりがある者）
半ちく者（中途半端な奴）
おちこぼれ（一般から取り残された者）
不良（品行の悪い者、人間的な欠陥人）

ふまじめ（真面目じゃない者）
くず（屑、人間の屑だが、これは後で一説を論じたい）
極道（やくざ道を歩く本格派）
半ぐれ（半分不良者）
無法者（法を犯す事に馴れた者）

いずれにしても、常識的に生きる事が出来ない人間は、社会の中から外れて生きる事になる。

今の世では、やくざな生き方の人間の反対側を、「堅気（かたぎ）」と言う。「まじめな職業」と、広辞苑では出ている。何に対して真面目なんだろうかと思うと、「主に芸娼妓・ばくちうちなどに対して」とある。

芸人や娼婦、芸妓や博打打ちは、真面目な職業ではないのだろうか。堅気の職業の人々から見れば、不真面目に見えるかもしれない生業でも、その世界で必死に稼いで、それぞれが精いっぱい生きてきたはずだ。

私が出会ったやくざも、皆、いいかげんには生きてはいなかったと断言出来る。むしろ、私の知るたくさんのいいかげんな堅気よりも、真面目に生き死にしていたと言える。

さて、社会の規範の中では生きられない者は、社会の片隅に追いやられて肩を寄せ合ったはずだ。群れれば、リーダーが生まれる。恐らく八世紀には、やくざ社会はきちんと統制が取れていたと思う。この外れ者軍団の長は、日本独特の呼称を与えられたはずだ。

社会の枠組みから外れはしても、それぞれが稼がなければ生きていけない。そこでリーダーは考えた。「何か売る物を考えて、それで生きて行こう！」と。

腕っ節や鼻っ柱の強い者は、男を売って生きたのだ。男伊達という世界だ。これがやくざだ。

横笛が吹けたり、太鼓が叩けたり、歌えたり、踊れたりする者は、芸を売って生きた。これが芸能者だ。

売るものが無い者は困った。長は賢かった。「売るものが無かったら、媚を売れ！」と言ったに違いない。

外れ者には、女も大勢居た。女は女を売ったのだ。鬻ぐとは、売るとか商うことだが、春を鬻いでいたはずだ。字をよく見れば、判る。食うための手段として、粥より高く、色香は代価になったのだ。それは水商売となった。水商売は息抜きだ。息抜きは和みで、和みは金に為ったのだ。こうして吹き溜った人々がもちつもたれつ、生きてきたのだ。

芸人は、稼ぎ場所が被差別地の寺社境内か河原と定められていた。そこで掛け小屋の他にも、各地の分限者の門前や披露の場などでの揉め事の仲介に、兄さん達に庇護を受けた。後ろ盾を頼みとしたのだ。

水商売とて同じだ。酒の上の間違いは多いからだ。この娘にはこの店には、誰がついているかとなればトラブルも減ったろうし、解決も早かったはずだ。こうして、もちつもたれつ永い時代を生きていたのだ。だから、昔からやくざ者と芸人と水商売は仲が良かったのだが、私はＤＮＡ的なものが作用していると思っています。

やくざとお祭り

「やくざ」を「役座」と見つめておられたのは、義信会の津村和磨会長でした。

私はこの方の持論が好きで、「実話時代」の津村さんの連載ページ「これがホンマの極道や」をファイルしているくらいです。お会いした事のないまま、鬼籍に入られましたが、私はこの人の言葉から、多くを学びました。本当にやくざの伝統を熟知しておられました。

「犯罪心理学の博士号持ってる人間が、昔わしのとこへ来て、〃なわばりとはなにか?〃いうことを尋ねたことがあんねん。わしが〃なわばりいうのは堅気はんのお世話をしてあげられる範囲のことや〃と答えたら、〃カスリを取れる範囲ではなかったんですか?〃いうてびっくりしとった」

これは名言です。「役座」こそやくざの目指す座だ、と津村さんは言っていた。「役座者」と「厄障者」が、やくざに当てはまる字だと言う。常日頃から近郷近在の者の世話をしていて、皆が認めた人が、「役座」という座に付けるのだ。

一方、「役座者」が極道で、「厄障者」は暴力団だと言い切っている。

「『役座者』はね、それは正味、土地の人のためには自分の命も財産も投げ打って犠牲になっても、あえて承知した上でやね、身を捨てていくという者やな。(中略)これをその組織とか、個人にしてもきっちり見てやね、どっちかに認定してくれたらいいねん」

ここで、私の経験を当てはめて考えると、津村さんの人間的価値は白洲次郎さんの言葉でいう「本物」と考えられました。ですから、「本物のやくざ」なのだと申せます。

やくざの見分け方については、こう言っています。

「外見、形から見れば、そりゃあ、同じに見えるかしらん。しかし、まったく似て非なる存在やとしか、ワシには言いようがないわけよ。

それは何かというと、どこが違うかと言うたら、行く場所へ出たら、せないかんこと、してはならないことをわきまえておってね、それをなおかつ、日ごろからせないかんことはできるように、訓練を怠りなく積み重ねているのが、ワシはヤクザやと解釈しているわけや」

白洲次郎流に考えてみましょう。ヤクザとは修業を積んだ本物を言うんですね。

やくざには、「反社会勢力」とか「暴力団」とかいう現代の言葉では引っ括れない、千年を超す歴史があります。と申しますのは、「役座」という「座」は、お祭りの準備のための相談会みたいな「寄り合い」から起こったものです。

ですから、「お祭り」そのものを考えなければなりません。神社やお寺を中心にした日本式のお祭りは、「五穀豊穣」を祈願したり、感謝したりの、農耕民族としての儀式的色彩の濃いものだといえます。縄文時代の古くから、その土地にあった方法で祭りは発展しました。これを、その時々の支配者が、上手に利用して民を喜ばせながら、年に二度程の無礼講の「大イベント」に育て上げました。

無礼講というのは、貴も賤も上下の差もなく、礼儀を度外視して催す酒宴です。「大義名分」は「五穀豊穣」ですが、その裏は民百姓の一揆や反乱を防ぐ「ガス抜き」の政策だったのです。思い切り破目を外させて、充分に欲望を満たさせ、日頃の鬱憤を晴らさせてしまうのが、その地を治める者の真の目的です。富める者達の必要経費だったはずです。

後々の盆踊りなども、同じでした。しかし、その真意は深い目論見がありました。民は統治者の企み通り、文字通り踊らされて毒気を抜かれたのです。

さて、酒も肴もふるまいですが「只より恐いものはない」です。この無礼講の催しには、大きな「お上」の穏し願望が秘められておりました。それは次代の労働力の確保です。働き手の産出です。

全国的に日本の社殿は山に存在しており、女は（出産と月のものがあるため）不浄とされ、神聖なる山へは登れません。ところが祭りの前夜祭たる宵祭（宵宮）からは、宮祭で入山出来ました。そしてこの山門を一歩入るや、別天地で、乱交自由の無秩序です。従って本宮や本殿に行き着くまでに、何回かの性交が行われたと思います。男女の醜美を隠すために、お面を付けての入山の掟があったり、直前に田園で泥の擦り合いや、うどん粉の塗り合いを儀式として組み立てたりしています。男女醜美均一化の欲望第一主義。

そこへもってきて、日頃は慎まなければならぬ酒肴を、差配する者から存分に振舞われますから、一気に欲望は爆発しましょう。それこそが統治者の狙いです。当然身籠る女性が多々出ます。これが十年過ぎると、農事従事者予備軍となる訳です。

やくざの本当の語源

さて、ここから私は、自分で探し出したやくざの語源を申し上げます。学者も解明してはおりません。それは、祭りを考察していて発見したヘブライ語です。

日本の文化というものは、日本独自の物だと考えていた私は、少しずつ点と点を結んでいるうちに、そんな単純なことではないぞと判ってきた事がありました。日本語の中に、どれほど古代ユダヤ人が使っていたヘブライ語があるかを知っていくうちに、例えば、お祭りを何故日本では大切にしているかを学ばされたのです。そんなこんなを輪にしてみると、多くの事が判ってくるのです。

少し読むのが七面倒臭いかもしれませんが、私の見解を書いてみましょう。

「神社」が古代ユダヤ人の「幕屋」であるという事や、「御神輿」が「契約の箱」を模したものだという事は、イスラエルや日本の識者の一部では常識となっています。紀元前に渡来したイスラエルの消えた十支族は、縄文時代、つまり大和朝廷時代までに何万人を超す渡来を果たして、あらゆるハイテクを日本列島にもたらし、文化を八世紀までに確立しています。

そうした事実は『日本書紀』と『古事記』を歴史書の基本とする日本の学説では「異端」で終わらされてしまいますが、私はこうしたユダヤ系民族が使っていたヘブライ語が、日本の通常語の中にたくさんあることに驚きました。神戸平和研究所理事長の杣(そま)浩二さんを師と仰ぎ、その書や直接の教えから、「日本に潜在するユダヤ文化」を今、研究している最中です。師の友、久保有政さんや小久保乾門さんにも心服し、学ばせて頂いております。

イスラエルの民は、中国や朝鮮を経由し、その地の文化文明を吸収しながら、それを日本に持ち込んで住みつきました。

この日本という処は素晴らしい土地でした。海に囲まれている事が、最大の幸運でした。地続きに国境を構える大陸には、強い民族が弱い民族を組み敷いて覇を唱えます。生きていくためには、隷属するか逃亡するかしかないのです。この繰り返しで現在まで戦いは大陸から消えた事がありません。その点、この国は外から襲われる心配の少ない島国でした。

そして、四季がある素晴らしさは、一度住んだら離れたくはなかったでしょう。また、水資源の豊かさ、その清らかさにも喜んだはずです。

まだ日本中の人口が五十万人程の縄文時代に、どっと民度の高い人々が来て、先住の民を寒い国へ追いやり、焼き畑農耕から水稲農耕へ転換するのは簡単だったのです。

その中で「お祭り」を考えると、そうした渡来日本人の儀式だとお判り頂けるでしょう。実に日本的にユダヤ文化を創造していった、その代表がお祭りです。お祭りで「酒」が欠かせぬ必需品だったという事は、「自尊心」を無くさせるための武器だったと気付くはずです。はめを外す事の大切さを知っている政治でした。

さぁ、そうすれば間違いが起こらないはずがありません。必ず諍(いさか)いや喧嘩が起こります。これには、お上から認められていた地域の錚錚(そうそう)たる「お祭り準備・実行委員会」の人々も頭を痛めていたでしょう。東の果ての此の国に中近東や西アジアから渡来し王国を築いた人々の中にも、どうしようもない輩(やから)は居たでしょう。この人達は何と呼ばれていたでしょうか。

古代イスラエル人が使っていた古代ヘブライ語に「クシュ」という言葉があります。日本語では「クサ」と訛って言います。「草」です。ユダヤ人にとっては、「クシュ」は「藁」「ワラ」です。

ここからが、私の考察です。渡来した人々で農耕に関わる人間にとって大切な宝は、「稲」です。稲は「穂」が宝です。これを捥(も)ぎ取ってしまえば、残りは「ワラ」

です。「ワラクズ」「藁屑」でした。

つまり、草の中の宝は「稲」でした。「草」は稲に対しての言葉です。いわば、「雑草」です。

従って、人の役に立たないものは「クシュ」でした。それが訛って「クズ」となったのだと思います。「役立たず」は、全て「クシュ」で「くず」。屑の語源でしょう。

逆にこうした者は皆、腕力や胆力に富んでいたのでしょう。これを「利用したら良い」と考えついて上手に使う智慧者が、指導者やお祭りの主宰者の中に居たのでしょう。

そして、これを役立てる事をお上も承知したのでしょう。「お前はクズなんて言われているが、わしの見るところお前は見所のあるやつだ。どうだ、わしが面倒見るから、この辺のクズどもを束ねて祭りに協力せんか？」と持ちかけたのでしょうね。

そうして、祭りの準備段階から、この男は村主や分限者や村役人の座る「役座」と言われる上席に座るようになったのです。そうして、何かと庇護を受けながら育っていったのでしょう。

これで「クシュ」の説明はつきますが、頭に付く「ヤ」が問題です。「ヤクシュ」

です。

実は、古代ユダヤではやたらに使ったり口に出してはならない言葉が、「ヤー」なのです。「ヤー」とは神の呼び方です。唯一絶対神こそ「ヤハウエー」です。「ヤー」だけで「ヤハウエー」の神なのです。

これを言って、懐柔したのです。「お前、屑なら屑で良いじゃないか！　その代わり屑の中の屑になれ。クシュはクシュでもヤーの付くようなクシュになれや！」

「ヤークシュ」は男の中の男、侠（おとこ）の中の侠という事です。侠を磨くという事は、ヤーと称されるクシュになる修業だという事です。

そして祭礼には「ヤークシュ」に仕切られた「クシュ」の軍団が祭礼の間は酒を一滴も飲まずにガマンし、御神輿を指揮し、酒の上の間違いを仲裁し、お互いに禍根を残さない民間裁きをしてきたのです。お祭りや頼まれ事は、ヤークシュの号令のもと、先頭切って自己顕示したはずです。そして、そこにこそクシュ達と「ヤクザ」が輝く真骨頂があったのです。人々もそれを称えたはずです。これらが日常生活の中に慣習化して、各種のトラブルを民間的に解決してきたのが、ヤクザ社会と一般社会の厳然たる歴史上の事実です。

こう見てみると、今日までお上がやくざに祭礼を安全に、楽しく遂行してもらっていた事が判ってもらえると思います。乱暴者で終われば「屑（クシュ）」ですが、きちんと修業をして規律を身に修めた者が「やくざ（ヤークシュ）」なのです。

「やくざ」は屑の中の光り輝く男だと、私は解いたのですが、如何でしょうか。

最後に、お祭りに生命を懸けていた昭和のヤークシュ、津村和磨会長の言葉を。

「実の親子やったら子が選ぶことはでけへんが、極道の子は親を選ぶ、そこがちごてんねん。（中略）（その基準は）男が男に惚れるいうことやねん。男に惚れられるんは器量の大きい男や」

「ほんまの器量の大きさいうんは、どれだけおのれを捨てられるかいうことや。そやろ？　おのれなんてみんな欲深うてちっちゃいもんや。それにこだわっとったら、親分として大勢の子分の面倒は見られへん。極道として庶民の世話焼いても生きられへん。長いもんに巻かれんで、弱いもんの味方するわけにもいかへんやろ。

そないして器量の大きい親分に惚れ、その親分を見習うて男を磨くんが極道やが、ええかげんやったらどないもならん」

「しんどい思いやらをぎょうさんして磨きに磨かれたあげくに、これがほんまの俠やいうようなんも出てくる。そないなもんが跡目継いで親分になる。それをまた若いもんが見て、『えらいでけたおっさんやな……』と感銘うけて子分になったろ思うんや」

そうして伝統を繫いできたのが、本当のやくざなのだろう。やっぱり白洲次郎さんの言葉にあてはまる。本物こそが、ヤの付く人なのだ。

クシュについて

もう少し「クシュ」について話したい。

「クシュミ」くしゃみ（正常じゃない呼吸状態）
「クシュグル」擽る（無理に笑わせる）
「クシュス」腐す（悪く言う。けなす）
「クシュイ」臭い（正常じゃない匂い）
「クシュン」（気落ちする）

「クシャン」（小さなくしゃみ）
「クシュム」くすむ（目立たぬ存在になる）
「クシュム」かすむ（物がはっきり見えぬ）
「クシュミ」霞（晴天じゃない状態）
「クッシュル」屈する（気がふさぐ、めいる）
「クシュネル」くすねる（正常でなく手に入れる）
「クシュノキ」楠・樟（異常に臭い木）
「クズ」葛（木の中の屑）

良い事や正常である事の反対が、クシュを使って表現されていると気付く。

しかし、日本人の凄さは、その悪いと言われる不良の方ですら、巧みに使ってしまう能力を持っていた事だ。

「クシュ」が「クズ」という日本語になったと想定すると、このヘブライ語は大活躍している事に私は気づいた。

「クシ」と訛ると、「櫛」だ。髪の毛がハに絡まって、屑となって取れる。毛の屑を取る道具なのだ。

「クシュ」が訛って「カス」となり、「滓」となったのではないかな。液体の中の不要な沈殿物が「カス」だ。良い部分をつくる時に出来る不要な物や、劣悪な物だ。

映画の『十戒』を思い出してほしい。エジプトで捕囚となって奴隷的に煉瓦を焼いていたユダヤの民が、粘土に「クシュ」を切って入れて、足で踏み混ぜていた。あれが藁屑だ。たとえ屑でも、上手に利用する。「カス」でも、酒かすや豆腐かすでも、米かすでも、美事に製品化している。

「火」が「クシュ」になると、「クシュぶる」のだ。「燻る」となる。上手く火にならず、煙っている状態だ。

ユダヤの血は流石だ。燻ぶりも利用して、「クシュ」から「スス」「煤」を生み出すのだ。「煤」を集めて動物の脂と混ぜ、練り合わせて「墨」を生み出した。「クシュミ」だろう。

そう考えると「燻製」と言われる製品は、やはり「火」に対する反目の「燻ぶり」、つまり「火の屑」「火の駄目な部分」を生かした文化なのだと思える。肉でも魚でも、この技術で製品化していったのだ。

甲州に伝わる「印傳」の技術は、羊や鹿の鞣しで有名だ。これも藁で燻すのが最上なのだ。私は燻す部屋を「印傳屋上原勇七」で見せてもらったが、奈良の「古梅園」で拝見した墨づくりの部屋の燻らせ方も、まったく同じに思えた。火を火として為させずに「ワラ」を燻らせる技術の粋を、この目で確かめました。

「クシュ」が「クソ」「糞」になるのは当然で、字を分解しても判る。米が異な物になるのだ。食べた物が体内で不要な物に変わると、「糞」なのだ。糞を役立てて「肥し」とした。

こう考えると、二千年を超す昔から日本に来た渡来人は、先住の民を雪の降る寒い場所に追いやり、自分たちの数を増やしていった時から、技術集団的な群れで住み、それぞれの地で蔓延っていったと考えられる。

しかし、餅は餅屋だから、必要とする部材は部材で手に入れる集団があり、加工は加工の集団があって、きっちり裏社会で結び付いていたのだと思う。

単なるやくざの語源からでも、点と点をつなげていけば、こんな視点も浮かんでくるのだから面白い。

人間のクシュ（くず）として見られてきた「ヤクザ」も「ヤクシャ」も、揉んで踏まれれば役に立つ人間になれるのだと、この語源を考えていて思わされた。エジプトの煉瓦だって、クシュを入れなければ、まったく耐久力など出ないのだ。単なる土塊でしかない。この世とて同じだと私は思う。古今、クシュ人間の出ない世界も国もありはしない。良い人間が居れば、屑と言われる人間も絶対に居るのだ。クシュという不要品から新製品の数々をつくり出していったように、社会という枠の中で練り合わせて、弱きを助ける本物の「ヤークシャ」をつくり出していったら良いと思う。

あなたも「クシュ」から出来た言葉を考えてみて下さいな。まだまだありますから。

「ありがとう」だってヘブライ語だよ。「アリ・ガト」「私にとって幸運です」だから。

カースト制度のこと

日本の差別には、文化の無い時代に渡来してきた、外国製の二つの方式が大きく根付いています。

一つは中国式です。中国式は「貴と賤」の観念です。貴も賤も、あとに人を付けてみれば判り易いのです。貴人と賤人です。

貴人とは、地位や身分の高い人を言います。賤人とは、身分のいやしい者、賤者です。

貴の字を見て下さい。貝の上に書かれている字は、大きいという意味です。貝はお金です。中国では貝をお金に使っていた時代があります。そこで生まれた言葉です。賤は、貝が少ない、金が無い、価値の低いという事です。中国では、この思想で人間を身分制度の枠に当てはめました。

もう一つはインド式です。「浄(じょう)と穢(あい)」の観念です。

浄とは、けがれがない事。清らかな事。清める事です。穢とはきたないこと。よごれ。不潔。不浄。「え」「わい」とも読みます。

こうした身分制度思想は、宗教と共に入って来たからややこしいのです。日本の朝廷は国を治める時の方便に、こうした観念を支えにしたのでしょう。

中国の差別思想は、貴でも賤に堕ちます。逆に賤であっても貴にもなれる可能性がありました。「仁愛の及ぶところ道徳的原理においては、平等である」と、孔子をはじめ儒学者は説いています。

日本の差別制度は、律令を中国式で取り入れたために、国家的には人外人を創り出してはいません。人外人とは、人間でない生き物という事です。

自分の努力と研鑽で身分を高められる中国の身分制度と、インドのカースト制度とは、まったく違います。

ヒンズー教の「穢れ」の観念について考えてみましょう。ヒンズー教のカースト制度では、一の身分は「ブラーマン」。祭祀をつかさどり、特に穢れを取り除く浄法を行う僧侶です。二の身分は「クシャトリヤ」。これは王や貴族や武士です。三の身分は「バイシャ」。商、工などの庶民です。四の身分は「シュードラ」。農奴的身分です。

そして、この下に、身分的秩序の外にいる者が、不可触民です。不可触とは、穢れているから触ると汚いという事。つまり、五の身分の者です。

このような身分差別が、カースト制度なのです。

インドには、歴史的に三種の民族が生きてきた事実があります。まず黄色人種のモンゴロイドに近い先住民族がおりました。次に黒人種のネグロイドに近いドラヴィダ系が入って来て、インダス川の流域にインダス文明を築きました。世界四大文明の一つです。

最後に、アーリア系の白人達が侵攻して来ました。今のインドで権力を握っているのが、このアーリア系です。紀元前一七〇〇年頃、現在のアフガニスタンからカイバル峠を越えて入って来たコーカソイド系の中のアーリア系が、インド亜大陸を支配したわけです。先住民は山や海に追いやられたのです。インドの差別体系には、この民族支配の歴史が根底に存在しているのです。

これは日本の縄文人の流れと似ています。日本も天皇族によって先住民族は山や雪の降る場所、そして海辺へと追いやられたのですから、これが山の民、海の民への差別となるのです。

インドのカースト制度では、先の一、二、三の三身分は、色の白い白人が多いのですが、この身分は再生族と言いまして、死んでも生まれ変われる人間です。四は一生族で、生まれ変われません。五は勿論生まれ変われません。

カースト制度の根本にあるのは「浄と穢」です。人間ではない生き物が、一生を清く正しく生きようと、四の身分には上がれません。そもそも五の不可触民の段階は千五百段あるのです。一から四までは三千五百段。そうです、カースト制度の身分は五千階級もあるのです。

考えてみれば簡単な事。時の為政者が僧侶と結託してつくった、保身の律でしょう。僧侶が考えたにしろ、王侯貴族がつくったにしろ、お互いに利のある制度であったのです。しかし、それが現代においても生きている国家制度なのですから、国連って何なのでしょうね。

残念ながら我が国も、カースト制度を真似て「士農工商」を制度化し、その下に穢(え)多非人(たひにん)を置きました。

穢多とはエタですが、カースト制度の最下位、つまり五千階級の最下層の民を、サンスクリット語で「エット」と言います。これは漁民です。このエットの発音を当て字に「穢多」を造語したのです。だから私は本当は「エタ」ではなく、「エッタ」が正しいと思っています。

こうした問題を私が学んできたのは、桃山学院大学元学長の沖浦和光(おきうらかずてる)先生です。先生が私の差別問題の師です。昭和二十八（一九五三）年、大森第八中学校で英語の教鞭を執っていて、野球部の監督をしていた先生の元で、私も区立校ながら東京都大会準優勝までいった一員です。これも縁と言うものでしょう。中学を出て三十年程して、恩師沖浦先生にお願いして、大阪狭山から東京の大森へおいで頂いたのです。

当時、私は自分の芸能の原点を求めて学んでいる時でした。そこで浅草弾左衛門や芝浦の仁太夫(にだゆう)の乞胸(ごうむね)業に行き当たり、古文書漁りに精を出していて、部落問題に直面していました。

「なんだ渡辺、そうなんか……」

それだけ言った先生から、後日、数冊の書物が送られて来ました。全て先生の著作で、先生が部落解放同盟のシンクタンクだと、委員長の上杉佐一郎先生から聞きました。以来、何かにつけ私の同和問題のバックボーンになって頂いていたのです。

沖浦先生は、日本の身分制度は、正しくは「天皇・貴・士・農・工・商・賤民」だとしています。これも頭に入れておいて下さいね。

「深編笠」というカースト制度

現代は「やくざ苛(いじ)め」とも思える暴対法というものがあるが、しかしあんなに厳しかった江戸時代にも、律法には必ず抜け道を設けていたものだ。掟やしきたりなども、同じだった。

穢多非人は、江戸市中での住まう場所、行動出来る範囲まで定められていましたが、この他にも、もっと以前より被差別民としての掟は存在していました。これが深(ふか)編笠(あみがさ)の着用です。被差別民は、おしなべて良民に対して、面体をあらわにしてはならないと定められていたのです。外出には深編笠を被らねばならぬと、幕府の定めにあるのです。

これは実に非人間的な法律です。こんな被り物で仕事になりましょうか。現代の暴対法に匹敵する非人間的法律です。現代のやくざへの対処に、江戸時代まで持ち続けたカースト制度の思想が現出していると、私は危惧しています。

大まかに言えば、江戸時代までは支配階級と、それを支える農業民の集団を守るために、かなりの厳しさで被差別民を抑え付けてきたのが日本国家です。

ところが、農業にしても工業にしても商業にしても、一部の支配者層に仕切られていて、ほとんどの民は良民ではあっても名ばかりで、実態は非人並みの貧しさでした。農地を持つ庄屋の下で、農奴的存在でした。穢多、非人のランクでは無いというだけでした。

さて、深編笠着用は、古くからの身分制度確立時の、カースト制度の根本精神を引きずっているのです。つまりカースト制度の最下層民の「不可触民」の思想です。「不可触民」は人間以外の生き物として扱われるのです。豚や犬と同等だとして、人間としての扱いは受けられないのです。

江戸時代に徹底された被差別民への定めで、一番理不尽な律は、この深編笠でしょう。ところが、この定めの古文書はありますが、この始末記については、幾ら調べても出て来ません。

でも、不思議だとは思いませんか？　被差別民は、江戸時代の二百六十五年間をがんじがらめで生きてきたのです。生かされてきたと言っても良いでしょう。だが、それで稼業は成り立ちましょうか？　深編笠なんぞ被って、仕事は無理なことは誰でも判ります。

そこで、私自身が解明した事を、初めて記してみます。

深編笠は、被差別民を判別するための手段であったはずです。日本社会で、国家を根底から覆す事が出来るのは穢多だと、徳川家康は考えていたと思います。そのために、一目でその身分が知られるようにと、今の社会での身分証明書、会社でのＩＤカードにあたるものを考えた。それが深編笠の着用でした。

これには穢多と言われる階層の人々は困り果てたはずです。「私は穢多身分です」と明らかにしなければならず、それを隠して、もし万一身分が露見したらどうなるか。

「即刻、斬り殺し、撃ち殺しても御構いなし……」と定められているのです。「御構いなし」とは、いちいち届ける事はありませんという事。明治時代、「網走監獄」の服役者を使役する道路建設工事で、事故等での死亡報告に対し、「報告等、御構いなし……」の通達が、監獄長に出されていましたが、これも江戸時代の定め書を継承していたのです。

「手拭」に込められた意味

さて、どのように、穢多はこの難を回避していったのでしょう。これには裏社会の人間の総意が働いたとしか考えられません。

深編笠は御勘弁下さい、それでは仕事になりません、何卒御容赦下さいませ、と嘆願したに相違ない。しかし下手に嘆願書でも差し出せば、これは公的な取り上げとなって、禍根を残しかねない。お上が一旦、定めた事は、引かないのが通例だから、お奉行に直接、斯く斯くしかじかの次第でと、軽く申し上げつつ願い出たのに違いない。

その時の意見具申のまとめ役は、裏社会の仕切り役の親方が任を背負っただろう。そこで出た各人の案を総合して、一つの具体案がまとまったのだ。穢多と非人の分際を、簡単に明示出来得る物を考え出したのだ。

それを身に付ける事によって、己の身分を相手に判らせる代物が何であったか。それは「手拭」です。私は、手拭こそが、深編笠に代わる身分証明の品だったと考えています。

既に室町時代には、能役者が舞台で顔面を人前に晒す事は法度とされておりました。それで面を被っての舞台となったのです。この後の歌舞伎のはじめとなる「阿国歌舞伎」でも変わらず、この法令は厳しいものでした。

慶長八（一六〇三）年、都は江戸へと移りましたが、出雲の阿国は、京都の五条河原や北野神社に舞台を組み、歌舞伎踊りを興行しました。この歌舞伎の語源も、やくざな世界からの誕生です。

京の都は永い時代を日本の中心地として生き永らえて来たので、大きな油断が社会中に溢れ、人心は乱れ切っておりました。武士階級は、嫡男しか家督を相続出来ず、不平不満の次男坊以下は京の町で暴れまくっていたのです。厭世的な人間集団が増加していたわけです。

そうした若者が集団をつくり、世の中の常識を覆す所業を始めました。それが歌舞伎者です。歌舞伎とは傾く、かぶくという意味です。これが「かぶき」となっています。傾くとは、世の中に真っ直ぐ立っている社会の規範に対しての事です。斜になって構える生き様を言います。

例えば武士身分の身形があるというのに、派手な色彩や紋様の衣服を身に付け、髪型も長髪にして後ろで束ねたり、腰に差す大小を驚く程の長刀や、飾りたてた刀に設えたりしたのです。また、刀を右腰に差したり、背負って歩いたり、女物の着物や帯で闊歩したり、そうした若者が群れをなして都大路を往き来しましたから、京の町は大騒ぎとなりました。その評判は近郷近在まで伝播し、一目見ようと若者の男女が集まったとあります。

家康は、こうした退廃的な都を嫌いました。しかし、江戸に幕府を開いた衝撃は、こうした歌舞伎者の行動に拍車をかけました。

それを見て取っての阿国の興行です。この時阿国は、政治の中心が江戸に移されたために落ち込んだ京の街へ、活を入れる気概で臨んだのだと考えます。死を観念してもです。何故なら、この頃の舞台には、女は立てない定めとなっていたのです。そこで阿国は、男装しました。

さらに顔面を晒せない事から、覆面をして舞台に出たのです。男装しても女は女です。しかも踊りの名手がカブキモノの姿で艶やかに舞い踊って見せたのですから、厭世的になっていた京の人々から大喝采を浴びたのです。お上から咎められるまで、興行は都中の人々から支持を受けました。

この時阿国の顔面を隠したものこそ、手拭であったろうと、私は考察します。

庶民の間では、祭りと言えば手拭がつきものです。この際、練り歩く御神輿や踊りの連中が、笠や手拭を必ず身にまとっている伝統を思い起こして下さい。四百年も前に、阿国は己れの身分を潔く手拭で示していたのです。

恐らく歌舞伎者の若者達も、これ見よがしに手拭で顔を頬っ被りしたり首に巻いたりしていたはずです。

「どうせ俺達は、家を継げないんだ。行く末は浪人しかないではないか！」

「そうさそうさ、俺達は御不浄の手拭さ！」

己の家柄を貶める自虐行為で、時代の大転換期を生きたはずです。ある面、やくざな生き方です。

阿国を歌舞伎の祖として、それから四百年が流れ、現代では日本を代表する演劇となっていますが、この世界の役者が大名跡を継ぐ時には、時として「船乗り込み」という儀式を伝承しています。これは河原者と言われた穢多身分時代の歌舞伎役者の凱旋が、往来の使用が出来ず、川を使ってしか許されなかった事から由来しています。江戸の歌舞伎役者の花形が大坂に初めて乗り込む時や、逆に大坂の名優が江戸から凱旋して来る時に、川筋を航行し道頓堀へ着き、劇場入りした儀式です。近年でも十八代中村勘三郎の襲名披露は、これを踏襲していました。

この時、同時に「手拭撒き」をしています。これは宝永五（一七〇八）年に、江戸で栄えた歌舞伎が弾左衛門の手下から離脱し、穢多の身分を格上げされた事により少々思い上がった事への反省の態度を、お上に示す行為の名残に他ならないのを御存知ですか。

「私どもは、幾ら名が売れ人気を得ようとも、決して賤民であった事を忘れたりは致しません」

こういったへりくだった決意表明が手拭に込められていて、手拭撒きの儀式として挙行されているのです。歌舞伎役者は、芝居者の世界の最高峰を極めましたが、手痛い思いを数々経験してきていて、それを一門率いる大名題（おおなだい）は自分の子にも弟子達にも伝えて生きているのです。

「お上には決して逆らえない」

お上の力を知り尽くしているからこそ、その気持ちを形にしているのが「手拭配り」です。

役者は、ある程度ものが判ってくると、劇場という箱が、一つの別世界を形成している事に気付きます。

役者や劇場関係者は、劇場正面玄関からの出入りは致しません。そこは全てお客様が利用される場所なのです。役者は楽屋口、劇場関係者は通用口を使います。つまり裏口出入りです。こうした慣例は、全て歌舞伎の世界から来ているのです。

舞台そのものは、古い時代からありました。掛け小屋と言われるものが、見世物興行として発展するのは、寺社の祭礼や都市の充実と関係しています。やはり人の集まる事が第一条件なのです。

ところが不思議な事に、演じる側の人間も、演じる場所を全て不浄だとされる差別の中で、江戸時代まで来てしまうのです。被差別民しか芸能の世界には入れなかった。能も狂言も浄瑠璃も同じです。これらは室町時代から江戸時代にかけて文化の代表となるのですが、三者三様の個性で、日本の独特の芸能文化となっており、現代に至るまでには、大変な屈辱と忍耐が続いたのです。浮世絵は賤民しか描けない文化だったのです。役者や相撲取りや芸妓がモチーフで、お武家の内儀などは画いてはならぬ御法度でした。

こうした人々が、名刺がわりに後援者に手渡すのが、実は手拭です。楽屋訪問は、許された人しか出来ません。そこで手渡した楽屋見舞の品や御祝儀の返礼が、手拭です。これこそが歌舞伎役者の歌舞伎魂ではないでしょうか。

「自分達は、御不浄にぶら下がるような手拭みたいな人間でございます、手拭を使用する身分の者でございまする」

そういった達観した表明こそ、現代でも続く役者魂の潔い事この上ない所作だと思っています。

中村勘三郎万歳!

観阿弥・世阿弥の知られざる功績

室町将軍に愛でられ、手厚い加護を受けて、能を完成させていった観阿弥(かんあみ)、世阿弥(ぜあみ)の力は、賤民の労を少し優しくしていったのではないかと、私は思っています。

この時代の律令は、賤民には厳しい差別を強いていました。ところが天下を取る人から愛され、芸能は南北朝時代の足利義満の時代に栄えます。一三六八年に将軍となった義満は、「芸能」と言われる能を愛した人でした。義満はまず観阿弥を贔屓(ひいき)にしました。被差別民の芸能を受け入れて、守っていったのですから、能は一気に伸びて行きました。

昔から能は、「能・狂言」として一つの演し物でした。猿楽と言われる古典芸能なのです。能楽とは、能と狂言の総称を言います。今でこそ能と狂言は別物ですが、平安時代の頃、本来は一緒の演し物でした。

まず舞台には、最初は狂言が登場致します。これは、滑稽を主体にした形態模写です。笑いを大切にしていましたから、少々下世話に映ったかもしれません。面白おかしくおどけてみせたのです。滑稽という言葉が示す通り、いかにも馬鹿ばかしい風に見せたのでしたが、これは将軍から下品だと嫌われます。

一方、能は、平安時代以来の猿楽から、鎌倉時代には歌舞劇として生まれ、やがて能と呼ばれていきました。猿楽本来の笑いを主とする演技は、科白劇の形を整えて狂言と呼ばれました。能・狂言は分離され、一三七四年、足利義満が観阿弥の元にある能だけを抱えます。義満が将軍になって六年後の事です。これは大変な幸運であったでしょう。

観阿弥という人は、偉大な才覚の芸術家でありました。大和猿楽はもとより山田猿楽や、田楽まで取り入れて独自の芸風を打ち出し、幽玄な世界をつくりました。足利義満も立派なものです。大変な目を持ったパトロンでした。見出した人も本物なら、見出された人も本物だったのでしょう。従って今でも、観世、宝生、金春、金剛、喜多のシテ五流の他、下掛宝生、福王、高安のワキ三流が存在するのです。

観阿弥は義満が将軍となって十六年後の一三八四年に亡くなりましたが、充分に能を樹立せしめました。能楽の祖と言うべき人でしょう。

その後を観阿弥の子、世阿弥が継ぎましたが、この人も後世まで名を残す逸材でした。義満から庇護を受けましたが、応永元（一三九四）年に足利義持が将軍となりましても、更なる絶大な支援をされるのです。それは世阿弥が、鑑賞眼の高かった義満の意にことごとく応えてみせたからなのです。能は優雅で幽玄な世界を深め、世阿弥によって洗練され芸術的な価値が高まりました。

私は、観阿弥・世阿弥と二人の足利将軍との間に、アウンの呼吸があったと考えています。被差別民に対する定めとしての深編笠の着用を、暗黙の掟として「手拭」による身分表示に変えさせてもらったのだと推察しているのです。

武士や貴族は手拭を使いません。布切れを使いますが、麻布です。綿布は賤民の物です。手水場や厠にぶら下げ、手洗い後の処理に使いました。御不浄と言えばトイレですが、不浄な場所で使用されるものは、昔から手拭だったのです。その手拭を目印にして、己の身分を明らかにするという事は、「私は不浄な者でございます」と言っている訳です。

観阿弥は奈良の大和の出です。大和の庄には、多くの被差別民の村落がありました。日本に渡来した人々が多く暮らしておりました。多くは技術者集団です。建築、石積み、紙づくり、機織り、染物など、時代時代のハイテクを持ち込んで、日本に同化していった人々です。

極論すれば、日本人とは混合民族の出来上がりです。いわば国際人です。久保有政さんの著作によれば、DNA分析では、遺伝子の割合は、韓国二四パーセント、中国二六パーセント、沖縄一六パーセント、アイヌ（出雲系）八パーセント、ヨーロッパ系（インド・ペルシャ・アフリカなど）二六パーセントとなっております。

これは大雑把ですが、もっと細かく血液学と免疫学的に分析すれば、ユダヤ系だとかエジプト系だとかポリネシア系とかが入り、非常に雑多になるそうです。しかし中国からやって来て日本に住みついた人々が、色々混血していったとしても、その元元の渡来人が混血であるのですから、とにかく日本で暮らして生きてきた人々は日本人ということになるでしょう。非常にミックスされてきた民族だからこそ、優性遺伝の恩恵を受けたのでしょう。

話は横道に逸れましたが、奈良周辺は古都だけに、多くの真実がまだまだ知られないで埋もれているのです。大和の地の人々も、差別されてきました。きつい定めの深編笠の着用は何とかならないものかと、将軍に接する事が可能で、しかも愛されている頼みの綱の観阿弥に、多くの人々が懇願した事でしょう。観阿弥は秦(はた)氏系伊賀服部氏の出身です。

被り物の代わりにきちんと手拭を身に付けさせ、「一目で判るように致しますから、どうかそれでお目こぼしを」と、観阿弥は将軍に雑談にまぎれて頼んだと思う。「その方が仕事の面にも支障が出ず、効率が良いでしょう」と説いたと思う。

義満は義持に将軍職を譲るまで、二十六年間も将軍であった。その絶大な安定政権の間に、暗黙の了解が出来上がったのだろうと私は考えます。

ある者は首に巻き、ある者は頬っ被りをし、ある者は頭に巻き、ある者は襟に手拭を縫いつけた。それが受け継がれていったのだと、私は考えています。

だから手拭こそ穢多非人そのもの、「身分証」以外の何物でもありません……と、解いたのです。

秀吉から家康が学んだもの

家康も秀吉の生き方を見てきたのだから、身分制度をもう一度きっちりとさせておかなければと考えるのは、当然だと思います。

家康の素晴らしさは、百年二百年後を基準にして、自分の居なくなった世の中を想定して事をなしているところでしょう。そうした考えの源に、私は社会の表と裏に熟知していた秀吉の生き方があると思っています。家康は秀吉の秀逸さを、見つめ続けていたはずです。

ここで一寸、秀吉の裏社会への造詣の深さを、私なりに考察してみたい。

私は、秀吉は被差別民の出身であったろうと思うのです。名古屋の中村という秀吉の出身地は、後に中村遊郭として、昭和三十二（一九五七）年の売春防止法が施行される日まで繁栄した所です。その地の貧乏百姓の出ですから、いずれにしても本百姓ではなく小作人のせがれです。後に太閤秀吉となるのだから、出身については曖昧この上ないが仕方ないでしょう。

ただ、木下藤吉郎時代に頭角を現してゆく間に、多分に被差別民の技術者に瞠目し、これ等と実に懇意にしている事によって数々の事業を信長のために遂行している実績を見逃してはなりません。

例えば、穴太衆との親交です。穴太はアナウですが、アノウと訛って呼ばれています。恐らく紀元前に渡来した石工(いしく)の民達です。秀吉は日本的でない民に興味を持ち、平気で近づいています。これも差別される側同士の気心が知れ合う、暗黙の呼吸であったはずです。日本語として摩訶(まか)不思議な「穴太」などという名の民と昵懇(じっこん)になり、藤吉郎は色々と仕事を任せています。そして信長の築城のために、この集団を使うのです。

この民は堺の港を石積みして築港します。貿易をしていた堺の商人は、やがて穴太衆に街全体を包み込む城塁を造営させます。さながら独立国家的な様相になっていくのです。

これに危惧を持ったのが信長で、死の直前の堺での茶会は、視察であったのでしょう。これを逆に探知して洞察していたのが、千利休です。下克上の戦国時代になるのですから、この時代も表と裏の社会は面白いはずです。

さてアノウ、日本的でないですよね。ところが調べてみると、現在の奈良県五條市西吉野町に「賀名生」という所がありました。これでアノウと読みます。古くは「穴生」と言ったのですが、一三五二年から「賀名生」と改められています。後醍醐天皇、後村上天皇、後亀山天皇の行幸の時の行宮（あんぐう）（仮の宮居）の行在所（あんざいしょ）です。

滋賀の穴生は、比叡山の東の麓にあります。現在、大津市の株式会社粟田建設が穴太石積技法として外国にも進出していますが、その歴史は大古代からのものだと認知すべきだと思っています。粟田純徳社長が第十五代目を継承してますが、歴史はもっともっと古いのが事実ですよ。比叡山は最澄が延暦四（七八五）年に開きました。八世紀の末に平安京が出来ましたのも、天台宗の隆盛に拍車をかけますが、やはり勃興も時の運です。

後年、「大師は弘法に取られ、沢庵は和尚に取られた」と、揶揄されるのも、天皇や幕府の護持祈禱をもっぱらにする宗教への庶民のやっかみでしょう。

最澄は日本最初の大師号を賜ったが、大師と言えばまず弘法大師が浮かぶのが日本人。

同じように延暦二十四（八〇五）年に唐から日本に帰って来た時、天台教学を以って天台宗を興す一方で、最澄は沢庵漬も持ち帰り広めましたが、後の時代に沢庵なる僧が臨済宗に出て有名になり、沢庵と言えばこの江戸初期の人となってしまう。

伝教大師さん、あなたついてないねと、後の世の人がからかい半分、悔しがって言うくらい、比叡のお山は護られているのです。秦氏一族にです。

秦氏について、少し述べましょう。秦氏一族こそが二世紀から三世紀に渡来して、日本に文化を築いた最大のハイテク集団だったのです（この事を述べますと、一冊の本が出来ます）。平安京は秦河勝（はたのかわかつ）の支配する一族の財力で築かれました。これは四世紀後半、中央アジアで弓月（ゆづき）の国からこの島に渡来してきた、巨大な集団です。中国人が呼んだ弓月（クンユエ）とは、今のカザフスタン東南部にありました。シルクロード途上に位置しています。

氏の一党はユダヤ系だと言われています。ここでは詳しく述べませんが、イスラエル国家の十支族が消えた歴史上の真実は、シルクロードに秘密があるのです。

古代のイスラエル国家滅亡は、二段階に分かれています。第一段階は、国内が部族間の争いとなり、紀元前九三〇年頃にイスラエル王国は南ユダと北イスラエルの南北に分裂します。紀元前七二一年、まず北イスラエル王国はアッシリアに滅ぼされます。この時点で、十支族の多くの民が東方を目指して逃亡したのです。シルクロードという貿易路で、東の中国大陸へと向かったのです。

イスラエルを征服したアッシリアも、紀元前六一二年に、カルデア・メディア連合によって滅ぼされてしまいます。こうした運命を知り得た民であったから、亡びのない別天地を目指したのでしょう。

第二段階は紀元前五八六年、南ユダ王国がバビロニア（今のイラク）に敗れて崩壊、「バビロン捕囚」と言われる隷属の時代に入ります。紀元前五三八年に帰還を許されて戻って来ると、エルサレムから北イスラエルの十支族が消えていたのです。捕囚となっていた約五十年の間に、姿を消していたのです。

ドッと集団で行動すれば、幾ら大昔でも物語として残りますから、恐らく少数に分かれて世界各地に散ったのでしょう。その頃の地球には、未開の地も、他国人を受け入れる部族も、山ほど存在したのでしょう。

さらに、イスラエルに戻って、国を再建したユダ族達は、ユダヤ人と呼ばれるようになりますが、紀元七〇年、ローマ帝国によってユダヤ属州は滅ぼされ、イスラエル国家は地球上から消えてしまうのです。御存知のように、一九四九年、国連によってイスラエル国家が認証されるまで、二千年近くが流れることになります。

イスラエルが国家を失ったのが紀元前七二一年で、その約六十年後、東の果ての小さな島に、突如としてヤマトの国が誕生するのです。日本の歴史の始まりです。日本式の紀元でいう皇紀元（紀元前六六〇）年は、イスラエルやユダヤの民が、中国大陸を経て朝鮮から渡来するに充分な時間だと考えられます。

さすれば、シルクロードを通って東方に達したイスラエル人は、中国において大きく二つのグループに分かれます。片方は南下して山岳地帯でイスラエル人系チベット諸族となり、もう片方は海を渡って私達の島に達したと考えられているのです。

当時は大変な旅であったでしょうが、命を懸けるだけの価値が、此の島にはあったのです。それは四季と豊かな動植物の満ち溢れた島であった事、加えて最果（さいは）て故に、攻めて来る外敵に脅えずに暮らせる果報を感じたに違いありません。文化度の高いシユメール文明の民族が見つけた、究極の楽園だったのでしょう。

そうした歴史の中で、弓月城で力を養った一党が、先入させた人間の報告から、日本を目指したのは当然です。弓月王の事は中国の古書にも載っていますし、『日本書紀』にも書かれています。

ユダヤ人の秦氏が中心になって、渡来人が日本で発揮したハイテクは、養蚕（機織り）、農耕、冶金、土木、宗教、雅楽と多岐にわたります。それまで、此の島にいた先住民族は北に追いやられ、服従なくば征伐されていきました。

説明が長くなりましたが、穴生（穴太）衆も秦氏の下に居た技術集団でしょう。身分は低いのに天皇の行幸時の仮の宮居地に存在したりしているのは、一寸不思議です。それが、「世の中は、全て表と裏とあり」なのです。

武力の無い天皇家を守るために、日本の歴史の中でどれほどアウトロー的な人間が活躍してきたか。私は断言しますが、秦氏もその手下の穴生の衆も、そっと裏から天皇家を護る「草の軍団」です。故に秦氏の名は平安時代以降、表舞台から消えていきます。名前すら羽田とか東儀とか畑、秦野、と様々に変えて深く潜むのです。

さて、穴生衆は、比叡のお山をことごとく石積みして、山道や寺社の土台を構築してきました。この古式ゆかしい旧道は、今は一般人は使いません。ほとんどが舗装無き山道です。観光客など入りようの無い獣道みたいな、不便な道です。この古道を、荒行(あらぎょう)中の荒行と言われる千日回峰行に入った行者は巡ります。

私も平成四（一九九二）年の一月から、比叡山の無道谷にわずかな間暮らし、千日回峰をしていた行者のお供で山を歩きましたが、穴生衆の築いた石積みの道は、今も存在しています。石工の集団は、石組み石積みの技術を武器に、世界中に散っていったフリーメーソンの原形だと言われています。古代ユダヤ教の隠れ伝達隊だと、私は思っているのです。

日本は古来「木の文化」をつくり上げて来ました。そこへ渡来した一族が、石の文化を築いていきました。小川の石橋や、棚田の壁面の石組み、その最大の構造物が、日本の城でしょう。

日本の城は、穴生衆が礎石を据え、その上に城づくりの大工達が天守や櫓(やぐら)を築きました。堀の石垣や城塁に、工夫や細工が施してあります。

石積みの工夫には、大きく三つあります。

一、野面積(のづらづみ)。自然石を積み上げる。
二、打込接(うちこみはぎ)。打ち砕いた石に小石をかませる。
三、切込接(きりこみはぎ)。加工した石を形良く組み合わせる。
こうした業(わざ)は、ユダヤの民の技能集団が、日本中に広めていったのだと思います。コンクリート時代が現在の長期間建築の手段ですが、石積みの長き保持力には歯が立ちませんからね。飛鳥地方の六世紀の文化の基は、穴生衆が築いたはずです。

斑鳩(いかるが)の法隆寺は世界最古の木造建築物ですが、修復時や発掘で発見されているのは、柱のある土中にたくさんの石が敷きつめられていて、その上に大きく平たい石が礎石となっていることです。その石が巨大な柱を支えており、同時に下の無数の石こそが裏で働いているのを忘れてはなりません。その隠れた石こそが石工(いしく)の一人一人なのではないでしょうか。

こうした人目につかない仕事を、技術者を育んできた人々と、そして育まれてきた人々が、永い時間を掛けてやり遂げてきたのです。

秀吉は若い日にそれを学び、家康は素直に秀吉の処世術を見習ったのです。

栗田建設に、もう一踏んばりをと願うばかりです!

こんな目で見ていると、私みたいなものでも面白い事を目に出来ますし、物も見えてきます。

「のれん」の正体

「のれん」というのは、本来は店の品が日焼けしたり傷んだりしないように、日除けとして考え出されたものです。これを只の覆いとしてではなく、ある目的を意図してつくり出したのは、千利休だと私は思っています。

堺の商人は、士農工商の身分制度に不満を持っていました。商人は非生産者なるが故に、最下位に位置付けられていたからです。これを諫め宥めたのが利休です。商人の鬱憤を晴らすためにつくり出されたのが、「のれん」です。

京の都の商人の税金は、中国に倣って間口の広さで決められていました。従って、店の入口を半間だけ開き、節税しました。そして利休は、その半間分ののれんを考え出しました。半間の入口に下げましたから、幅は三尺、長さは四尺です。この布を三切れにするために、割りを二本入れます。これこそが利休の魂胆です。

これを間口に下げますと、六尺の高さから四尺ののれんですから、下が空いています。昔は店先は土間で、店の者は上の桟敷の如き座敷に構えていますから、入って来る客の着物の裾が見えるのです。これによって、着ている物や履物の品質を見て取り、客の値踏みがいち早くできたのです。

からくりがもう一つ。それが、割りです。昔は頭を結っておりました。つまりチョンマゲです。この髷が気になるから、誰もがのれんは潜るのです。潜るとは、頭を下げて割りの間を入るのです。これは実に卓抜の創作ですね。

「文句、言わんで我慢しなはれ。きっと頭下げさしたるさかい」と、利休は商人に納得させたのだと私は思います。どんなに偉い人間でも、店に入る時には頭を下げてしまう痛快さを、商人は実感したでしょう。一寸した意趣返しでした。

商人が客を迎える時を想像してみて下さい。客はのれんを潜った時、頭を商人に向け下げているのです。それを見て、商人はすかさず頭を下げるのです。商人が下げるのは、客の後からです。客は潜って頭を上げると、もうそこには平身低頭している商人がおります。

「これはこれは、ようこそおいでなされませ。お寒かったでございましょう。今直ぐに温かなお茶を御用意致しましょう」などともてなされたら、利休の了見など決して思い及ばなかったはず。

ちなみに、これを利休は茶室にも応用しました。客として招かれた貴人でも、幅一尺九寸五分、高さ二尺二寸五分の定法でつくられた躙り口は、とにかく頭を低くして入る事となります。

私は利休と堺の商人の日本人離れした炯眼は、密貿易によって得ていた世界文化の成果だと信じている。と同時に、永い時間で培ったシルクロードの商人魂とユダヤ人の知恵ではないかとも考えている。

私は「のれん物語」という日本の老舗を訪ね歩く番組を、二年間テレビ東京でやる事が出来ました。私が仕事を干されて参っていた時で、スポンサーとして株式会社サン・クロレラの中山哲明社長のお蔭でした。先代社長から今日迄変わらぬ優しさを与えてもらっているのです。

この番組で、静岡市駿河区丸子にある「丁子屋」さんに行きました。この店は十四代続いている「とろろ汁」の飯屋さんです。昔は東海道鞠子の宿の、四百年近く続く店です。

ここの御主人の柴山さんから、こんな話を聞きました。店前で旧東海道の拡張工事をしていた時、道の下から巨大な岩石が出て来たのだそうです。その石が店前の庭に置いてありました。家康が駿府城をつくるのに必要とし、近辺から運ばれていった石の残りだとの事です。

その石には中心に一回り、茶碗一つ分ぐらいの穴が穿ってありました。御主人の説明を書き留めていましたから、それで説明します。

この穴は、家康築城のために命じられた、岩石取りの人夫が掘った穴なのです。くさびで大岩を崩し、手頃な大きさの岩に石で穴を掘るのです。総掛かりで岩の周りに立ち、三センチ（一寸）間隔でこれをやります。空けた穴の分だけの米が支給され、これが手間賃となります。そしてこの穴に、山に生えている赤目樫をしっかり打ち込んで、熱湯をかけて、仕事を終えて帰るのです。翌日行くと、赤目樫の膨張によって、岩は真っ二つに破れているのだそうです。

こんな工夫が、日本に隠れている知られざる文化です。これなども間違いなく穴生衆の伝えた業だと、私は今更ながら舌を巻いているのです。

秀吉が親交を深めていたこうした穴生衆の力を、今度は家康が利用したわけです。どこまで調べても、家康は裏と言われる民を実に上手に活用しています。

裏を知り裏を利用せずして、時の権力者の存続はありませんと、きっぱり申し上げておきます。

江戸時代のお上とスリ集団

私が解いた被差別民の身分表示たる「手拭」の習慣などは、記録として残っていない。しかし、人々には永い時間をかけて身に付いた習慣とか伝承とかがあるのです。

例えば、夜の街を武士が提灯を持って歩いて来る。右手で足元を照らして辺りを警戒しながら、道を急いでいる。土塀を直角に左に折れた。これを私はテレビで見ていて、首を傾げた。

武士は左腰に刀を差している。何時いかなる時に斬り掛かられても良いように、左に曲がる時には、少し右に脹(ふく)れて大廻りして左に曲がるのだ。しかも、この時、刀の鯉口(こいぐち)を切るのだ。即座に抜刀して対応出来るように修練されている。これが武士たる者の心得なのだ。

また、左後ろから攻められるのが一番のウィークポイントで、これは馬に乗った時も同じだ。だから馬の左後方に小者が付くのだ。これは武士たる者の当然の嗜みなのだから、テレビ等で、利き腕たる右手に提灯など持たせては、決してならないのだ。

同じように人様の家を訪ねた時は、腰の物を抜いて右手で持ち、座敷にても右脇に置く。「直ぐ抜刀して斬り掛かる気などございません」という、暗黙の意思表示なのだ。ヤクザでも身の後に長脇差を置いて座し相手に底意の無さを示す。

このような事柄が記録として残っていなくても、存在していた習慣やしきたりや掟はたくさんあるのです。社会はこれを薄れさせてはならないのですが。

大江戸八百八町と言われましたが、百万人を超す街を、どのようにして幕府は治めたのでしょう。江戸の街は、南町奉行所と北町奉行所が安全を守っておりました。南北の奉行所の役人、小者の給金は、全てクシュの頭領浅草弾左衛門の支払う金で賄われていたのです。

町奉行は、現在の東京都知事であり、警視総監でもあり、高裁長官、消防庁長官も兼ねていました。その配下には、二十五人の与力と百二十人の同心がいました。南北合わせると二百九十人。町奉行は江戸全体の二割程を担当していて、町民の住む地域だけの行動範囲でした。武家地や寺社地は関与しません。被差別部落の穢多、非人も関与から外しています。ただし穢多非人は定められた事を踏み外せば、取り締まったわけです。

奉行所の賄いが、何処から出ているかを、役人は知っておりました。お上が印した朱の囲いが、認可された吉原の地域。これ故、「赤線」と言われ、その囲い内が「なか」です。その吉原遊郭の上がりから支出されていましたから、穢多頭の弾左衛門に報いるべく、他での売春を厳しくお縄にしていました。「なか」に対しての「ほか」の場所で女を売るのだから「ほか場所」、それが訛って「岡場所」になりました。「他ばっかり、しょっぴきやがって！」が、「ほかっぴき」となり、「岡っ引」となりました。二百九十人では足りないので、給金の無いままに手助けをしてくれる者、銭形平次とか黒門町の伝七が活躍したのです。

「目明かし」とも呼ばれますが、その多くは元元が犯罪者でありました。お上のお情けから逆に使われる身となって、与力、同心の下で働いたのです。十手捕縄を与えられ、情報収集や御用を務めたわけで、この辺りは時代劇通りです。やはりお上の御用をあずかるだけの、クシュなりの人間的器があったのでしょう。密偵ですね。

岡っ引も、その下で働く下っ引も、定収入がありませんから、こまめに町場を見廻り、商家などを守ってやるのです。すると応分の袖の下が入ってくる。祭礼や火事見廻り、人助けにも精を出す。魚心無くして水心などありえないのが社会ですね。

やはり、きちんとした仕切りや義理が出来ないと、徳が付かない。人に兄ィ、親分と呼ばれるには、やはり並並ならぬ工夫と努力がいったはずですね。町奉行所は、こうした闇の世界の人間を上手に使って、人手不足を補ったのでしょう。

それに、「一町一家制度」がありました。これは一つの盛り場に、一家を組む掏摸の集団を一組だけ認め置く制度です。これこそが明文化されていない、暗黙のお上の掟でした。これは急速に膨張していく江戸という町に、裏から対処するための得策でした。お上の認めた掏摸の一家は、親方以下全てがきちんとお届け済みです。

盛り場という処は……と、私の師、沖浦和光先生は「一、被差別地がある。二、女郎屋がある。三、芝居小屋の常設館がある」と定義付けています。これで、他所者が集うのです。これは「カモ」と呼ばれました。渡りの鴨で、その地の者でない呼び名です。

このスリ達は、その住まう地域の人々から稼ぎを上げてはなりません。縄張り内の者から掏摸が出来ないという事は、近郷近在から遊びに来る、御上りさんをターゲットにしなさいという掟だったわけです。

しかし、この集団にはお上から秘せられた重大な役目がありました。その任務とは、親方は、町内の人間を全て把握しておかなければならない、という事です。町屋は元より裏店（うらだな）、裏長屋の人間を知り尽くしておく事が裏任務でした。こうした密偵は、奉行の一存で幾らでも増やせたのです。

これは岡っ引のような十手捕縄を預ける手先は勿論の事、この他の人間達も全て給金がありません。「お上にもお情けがあります」というお目こぼしの情と共に、犯罪者として扱われた者達の中から密偵として協力する者を選出したのでしょう。奉行所は一丸となって、「草」的存在の協力者が定職につけるよう積極的に面倒を見たのに違いありません。就職の斡旋にも努めて、クシュを上手に更生させていたわけです。

ですから、ほとんどの人間は表向きの仕事を持っていました。髪結いだったり大工だったりしていたのです。薬売り、魚売り、金魚売り、夜鳴蕎麦……。

とにかくお上は、江戸時代は家康の教えを守り、裏社会の人間や被差別民を実に上手に使い、共存共栄していたのでした。それを伝承して、戦前迄日本の社会は出来ていたのが本当のところです。

一方、大坂ではどうだったのでしょう。

大坂は東西の奉行所に、与力は三十人ずつで六十人、同心は五十人ずつで百人いました。しかし、百六十人で大坂は守れません。それで江戸と同じように、手足になって働く者を、組織し手当てしたのです。

大坂も江戸も、穢多や非人を罪ほろぼし的に犯罪を許して採用していたのが、実態です。「本来なれば遠島島流しなれど……お上にも、お情けがあるぞ！」と奉行に言われたら、無報酬でもお役目を受諾しちゃいますよねぇ。

こうしてクシュも真っ当な人間になれた訳です。「草」として生きる、これこそ「クシュ」そのものではないですか。

『大坂濫觴書一件』には、このような事が書かれてあります。

「大坂夏の陣や関ヶ原の戦いで敗れて、主家のお取り潰しにあった旧家臣たちが大勢、生活に困っていた。かれらが江戸、京都、大坂の三都に入り込んで、夜盗、追いはぎなどの悪行を働いて困る。しかし、本来ならば死罪となるところを特別に許されて、人間に非ず、つまり非人となり、召し取りの御用をおおせつかるようになった」

当然、博徒、つまりやくざになった武士もいたことでしょう。

岡っ引は始終、各町内をうろついて、いや、警邏していて、又は商いしながら町の事情を熟知しています。どの家に病人がいて、だれがドラ息子か遊び人か、皆知っています。

任務は犯罪者の追捕、監察だけではありません。乞食や野非人、つまり町人、百姓が零落して住所不定となった者の流入防止と追い払いも仕事の一部です。

くわえて、町のつくりが現代と違う。職人は職種ごとに集められ、桶屋町、紺屋町、呉服町、鍛冶町などに集住し、統制や監視がしやすい体制をつくっていました。

でも、放火や盗賊など罪人を捕まえるため、町内の人々から慕われ、尊敬されるかというと、そうではない場合が多かったのです。嗅ぎ巡るから「イヌ」とまで呼ばれたりと。

何故なら、時にご町内の秘密をかぎつけて、町の人をお縄にかける事もあるから。従って、いかに「草」になりきれるかが大切でした。人に悟られぬ事こそが任務の極意だったのです。

弾左衛門と四人の非人頭

前述した弾左衛門とは、穢多身分の支配を幕府から任されていた被差別民の実質、統括頭領です。穢多ですから苗字はなく、浅草（あさくさの）弾左衛門と代々名乗りました。「清水（しみずの）次郎長」と言う如くです。

江戸の町には、弾左衛門のもとに四人の非人頭がいました。品川の松右衛門、深川の善三郎、代々木の久兵衛、そして浅草の車善七です。

フーテンの寅さんの本名は、御存知！　車寅次郎。山田洋次監督は、テキヤの寅さんに車の姓を与えた。きっと、被差別者の歴史をよく学ばれたのでしょう。

四人の中でも、非人の囚人の病人の収容所である「溜り」と刑場を抱える浅草、そして品川の頭が重要視されていました。浅草と品川の溜りの非人に、それぞれ近くの小塚原（荒川区南千住）、鈴ヶ森（品川区南大井）の刑場の雑役を任せていますね。

非人頭は、宗門人別帳から外れて住所不定となって路上にたむろする者を、非人に落として管理しました。人別帳は、今で言うと戸籍台帳です。人別帳から外れる、つまり「帳外れ」になると、まともな人間として社会は扱ってくれない。当時、戸籍上の住まいを出て浮浪する事は犯罪です。狩り込みに遭い、身柄を捕捉され、佐渡金山などに連行され、死ぬまで水替人足として強制労働をさせられました。

非人頭の役目は、それだけではありません。紙屑拾いや乞食、勧進僧を統率し、町の芸能者の管理もしていました。

ちなみに、穢多、非人の女性は、吉原の遊女にもなれない。ケガレが移るとされていたからです。もし、非人である事が判ったら、半殺し。「あの女郎屋。非人が客をとっていたんだってね」なんて、江戸っ子の噂になったら廃業もんです。本当に殺されて、簀巻きにされて、遊女の墓で有名な三ノ輪の浄閑寺に投げ込まれておしまい。それほど、非人に対する風あたりは強かった。だから柳の木の下などで手拭を被って、非合法に袖を引いていたんですね。「手拭」をしていないで捕まったら、即、死罪でした。

もう一人、弾左衛門の手下で重要な親分は、芝浦の仁太夫。これが「乞胸(ごうむね)業」を仕切らされていました。

乞胸って、凄い言葉でしょう？　人さまの胸先三寸のお気持ちにすがって生きていくってことだから。お代の相場があって、無い。相手の心次第です。これは、やくざの礼金と同じです。

天下泰平になった江戸初期、大名家の取り潰し政策などで、大量に失業した武士達は生きていく方策に窮し、乞食に等しく身を落とし、大道芸などをしてその日暮らしをしていました。操り人形、講釈、説経節(ぶし)、浄瑠璃、物真似、万歳、猿若などにも手を染めていきました。講釈は、今で言う講談。物真似は、コロッケじゃなくて江戸家猫八の方。動物の鳴き声です。最後の猿若はコメディアン！　滑稽で卑猥な仕草をして、女の念仏踊りのあいだに、御機嫌を伺う。周りに居る人々が優しかったのでしょう。導いてくれたのですね。

こういう最下層の芸人を、乞胸といいます。つまり、今で言うと、芝浦の仁太夫は大手芸能プロダクションのドン的存在になりますね。日本中の乞胸の元締で、さらにその親分が弾左衛門でした。

天皇を護ってきた「嘘部の民」

大昔から天皇を陰で支えた、武器を使わない軍団がありました。天皇家の安泰を保持するために裏から支えた民を、「嘘部(うそべ)の民」と言います。この軍団は天皇が日本に存在したと同時に発足していました。それは紀元前の事です。

「嘘部」の民は、この時代に裏社会に身を潜めた「草」です。草は辞書を引いても出て来ない民、身分です。雑草のように人々の中に埋もれて蔓延(はびこ)る人間達です。全てが隠密です。これも古文書に登場させない、明文化されていない裏社会の真実です。

嘘部の部とは、やがては部民(べみん)の事です。辞書には、大化改新(六四五年)以前における私有民の総称と出ています。これって奴隷ですよね。大化の改新は飛鳥時代ですから、大和朝廷は一部の支配者層と隷属する品部(しなべ)にはっきり分かれてたんですね。

品部とは、品々の部の意味。品とは多くさんと言う事ですから、多くの職種があった事と判ります。世襲的な稼業で大和朝廷に隷属した人民の組織を、こう言ったのです。普段は一般の農民や漁民として生活していますが、朝廷に対しては毎年一定額の特産物を貢納しなければなりません。年貢の取り立てですね。さもなくば、交代で勤務して労働奉仕しなければなりません。体で払うって事。

この管理はお代官ならぬ連（むらじ）、造（みやつこ）、首（おびと）などの姓（かばね）を持つ豪族が務めました。

天皇が皇族のために設定した部民は、子代（こしろ）とか名代（なしろ）と呼ばれました。諸豪族に隷属する者を、部曲（かきべ）と言いました。

この制度は、大化改新で蘇我氏が中大兄皇子（なかのおおえのおうじ）や中臣鎌足に滅ぼされた際に、廃止されました。

が、いつの世もお上のやる事には抜け道があるんですね。

品部の一部は、律令制官庁に配属されて残ります。解放されずに諸官司（かんし）（官司は役所です）に回されたのは、特殊技術者の集団です。図書寮（ずしょりょう）の紙戸（かみこ）や雅楽寮（ががくりょう）の類がそれです。

図書寮とは、律令制で中務省（なかつかさ）に属し、図書の保管・書写などをつかさどった役所で、そこに支配されていた紙戸とは、製紙に従事した品部をいいます。

私は、福井県の越前市の和紙工場を訪れた事があります。ここは、千五百年の歴史を持つ日本の和紙づくりの本場です。紙戸と呼ばれた特殊技能者が、この地で永く生き抜いて来たのです。大化改新でも放してもらえず、この地で和紙の製産に従事してきたのです。

今でも宮内庁書陵部のお役目を務めています。日本の宝たる正倉院の古文書の修復等は、ここの和紙でしか直しようがないのです。私は「岩野平三郎製紙所」にお邪魔し、和紙造りをつぶさに見聞させてもらいました。越前市には越前和紙の工場が七十軒ありまして、和紙の九〇パーセント以上を、この地でつくっております。日本画の大家、千住博さんの使用する絵の和紙も、この地で作られているのです。

日本の歴史を繙けば一目瞭然です。紀元前にはユダヤの民が日本に入って来ています。縄文文化が弥生文化になる頃から、どんどん流入して来た民が文化をもたらしてきたのです。紙づくりもそうなのです。そうして同じ渡来人の中から武力で国を制圧する者と、政治を司る者と、製産に従事させられる隷属の民とに分かれたのですね。

さて、嘘部の民は、三十人ぐらいしかいない武力を持たぬ天皇家を裏から守るために、武力ではなく口と智恵を武器にして、必然的に生まれた集団です。表立って記録されてはおりませんから、あって無き者達、認知無き軍団なのです。私設応援団ですかね。

首領は、尾美と言います。だから嘘部の民は、尾美一族となります。番頭格が服部です。服部は、機織の技術を世襲して大和朝廷に仕えた品部です。ですから、ハタオリベ・ハトリベ・ハトリ・ハットリとなる訳です。秦氏の系列です。

品部は、中世になっても近世になっても、身分は被差別民の中に組み込まれています。律令制度の時代から変わらないのですから、武力ではなく皇室を護ろうとする嘘部の民は、深く静かに差別を受けながらも生き続けていました。

尾美一族は、天皇が奈良や京都に都を構えると、潜り込む如く姿を変え、琵琶湖の周辺に住みまして、名を尾美から変え近江としました。何か事ある事を、「一朝事あれば」と言いますが、まさに朝廷に事あればという事ですから、そんな時には命を捨てて天皇を助けに飛んで行ける地に住みついたのです。

大和の庄には忍者を、柳生の庄には武の者を、高島の地には織物をと、各種の技能を生かして生業を持たせつつ、表の顔をつくって潜ませたわけです。

高島の者が関東に出て、桐生や足利で桑を植えさせ、蚕を育て絹糸をつくらせました。その生糸の集積地が今の台東区上野でした。江戸時代になると、大消費地が江戸になりましたから、店を構えてしまえと、髙島屋となりデパートとなるわけです。伊勢松坂の呉服屋は松坂屋となるわけです。

渡辺族と渡辺村の歴史

渡辺族は、天正時代（安土桃山時代）に幕府によって、日本で最初に部落民として封じ込められた民です。大坂の渡辺村は二転三転しましたが、今の西成周辺です。

渡辺族も秦氏の部民で、「嘘部」の民の一員ですから、秘かに天皇を見つめて、じっと息をひそめて生きてきた集団です。

大和朝廷は、居住地や職業によって人民を支配する方式を作りました。それが「部」ですから、渡辺は本当は、渡の部、わたりべ、わたしべ、わたなべ、であったのかもしれません。

この部は、皮剝ぎや、皮革製造の特殊技能者でした。時代が下っても渡辺村に封じ込められた民には、皮革の鞣しや太鼓の製造、修理等の権利が与えられていました。同時に与えられたのが、河原における掛け小屋の見世物の権利です。やがて道頓堀の川筋が大坂一の盛り場になり、そこにあった掛け小屋が屋根付きの芝居小屋になっていくのです。

安井道頓が開削した「道頓堀川」の南、東は日本橋詰から西は戎橋筋に至る場所が栄えました。江戸時代から明治中期までは、この道筋の中程にある歌舞伎劇場を「中の芝居」、角にあるものを「角の芝居」と称しました。これが「中座」「角座」ですね。

さて、こうした発展の中で渡辺村が保持していた権限は、長い時代にわたって多くの隷属的な責務を果たして勝ち得てきたものだけに、江戸幕府といえども取り上げられなかったのです。

浅草が江戸一の悪所場なら、大坂は道頓堀となります。沖浦和光先生の説かれるように、「悪所場」として封じた所には、三つの条件が必要でしたね。非人集団と遊郭と常設芝居劇場です。

大坂は中の芝居、角の芝居の直ぐ後ろが千日前の非人集住地で、横には遊郭が存在していました。江戸は中村座、市村座、森田座、山村座があり、吉原があり、周辺は部落でした。その横には猿若町で、やがて歌舞伎座が押し込められるのです。

ところで、私は、同和問題や人権問題の講演では、よくこう申します。

「私は穢多の末裔です」と。全日本同和会、松尾信悟会長も承知の事実です。

自分の家には家系図などありませんし、祖父母も両親同様に早世していまして、顔すら知りませんでした。

私の明大替え玉受験騒動が起こった直後に、部落解放同盟の上杉佐一郎先生から電話があり、新橋演舞場近くの「金田中」で二人で食事を致しました。委員長が、突然こう仰ったのです。

「君が、こんなに苦境に立たされているのに、何のバックアップもしてあげられないでいて、大変申し訳ない。自分の師にも、師の側で秘書として仕えて下さった君の父上にも、申し訳ない事だと思っています」

こう言って上杉先生は座蒲団を降り、畳の上で両手をつき、深く頭を下げられたのです。私は慌てて席を降り、頭を低くしつつ、先生の言葉を反芻(はんすう)しておりました。

上杉先生の師は部落解放運動家で、「全国水平社」委員会議長だった松本治一郎先生です。戦後は部落解放同盟として組織を再建した上杉先生は、松本先生の愛弟子でした。

しかし、松本治一郎と父・渡辺久二郎が結びつきません。この日、上杉先生の説明で、私は父が子に伝えていない一面を知る事が出来たのです。私達子供は、父が若かりし頃、石川県金沢の代議士、益谷秀次氏の書生をしていたとは聞かされていました。それがこの日の上杉先生の話によると、戦前、父は若い時に水平社運動に共鳴し、松本先生に感化を受け、クリスチャンにまでなっていた事も知りました。

恐らく自分が被差別民だとわざわざ言う必要のない東京暮らしだったから、露呈しなかったのでしょう。これは、良く思えばの話です。そこで私は一気に調べに入りました。渡辺という姓を考えてみました。

古文書の「延喜式」には、渡辺族が出ています。「延喜式」とは、「弘仁式」「貞観式」の後をうけて編修された、律令の施行細則です。平安初期の禁中の年中儀式や制度などを、延喜五（九〇五）年に勅を受け、五十巻にわたり漢文で記しています。これには、「摂津の渡辺郷から、三浪長者という者が、青海首長になってやって来た」

という事が書いてあります。つまり、はっきりと渡辺族が青海（新潟県）にやって来たと書かれているという事は、青海には渡辺姓の者が多く居るに違いありません。そして、私の父はこの地の出身であったのです。

青海とは変わった地名ですが、単純明快です。それは、わずかな台地の町は海と山の狭間に存在していまして、黒姫山から姫川が海に流れ込んでいます。太古の時代から姫川に存在している岩石には、ヒスイが含まれていて、それが流れ下って海岸に達し、さながら海は青色に光り輝いていたのでしょう。青海と名付けられた由縁（ゆえん）です。

秦氏が渡来して、その文化を日本中に張り巡らせていった過程で、青海に着目しないわけはありません。「延喜式」に三浪長者の集団は、摂津の渡辺の地からやって来たとある以上、青海生まれの父の祖先は間違いなくそこにあると言えます。

翠緑（すいりょく）色の鮮やかな色彩のヒスイは、魔除けの玉としても珍重されました。ヒスイは「翡翠」と書きますが、どちらも羽の字が多用されていますね。これはカワセミの羽を表していて、「翡」はカワセミの雄、「翠」はカワセミの雌の事なのです。さながらカワセミの羽の色の如く、艶やかな輝きだという事で名付けられたのでしょう。

渡辺族はこの宝石を見つけるために、山や川で発掘や探索に従事したのでしょう。

青海の渡辺族は、この石の採掘隊だったのでしょう。やがて近代に入ると、この地がカーバイドやセメントの生産地に変わっていくのですが。父はそんな中で育ち、青年になる頃にはこの地を離れていったのでした。

ここで全国の渡辺族のために、説明してみましょう。

渡辺姓は平安中期に剛勇さで知られる渡辺綱（わたなべのつな）を祖としていると、言われています。綱は、嵯峨天皇の皇子　源　融（みなもとのとおる）（河原左大臣と呼ばれた）から、その子孫、融―昇―仕（つこう）―宛―綱に至っている。綱が、摂津国渡辺（現・大阪市中央区）に住んで、渡辺を苗字としました。渡辺綱は頼光四天王の一人で、都に出没した鬼の片腕を切り落とした伝説で名高い武士です。

渡辺綱の曾孫、久が肥前国（長崎・佐賀県）の上松浦の地頭になり、その一族が松浦党という中世の水軍になります。徳川では平戸藩主となります。渡辺党は穢多として封じ込められたのにね。枝分かれの方は、陽が射している。それは水軍としての操船技術集団だったからです。摂津の海で、河で培った腕でものした運というものでしょう。

一方の本家側は、家畜等の革の製造技術集団だったために、穢れ思想の社会に押し込められていったわけです。だいたい、嵯峨天皇の皇子からして、河原左大臣と呼ばれたんだから、私なんかが河原者なんて罵声を浴びたって、当然と言えば当然なんだろうなあ。

渡辺村は、決して貧乏ではありませんでした。皮革を中心に商工業が盛んで、むしろ周囲の村より裕福だったようです。民家は萱(かや)葺き、檜皮(ひわだ)葺きが当たり前の時代に、瓦葺きの家が八割以上。二階建ての家や土蔵のある家もめずらしくなかったと、古文書は伝えています。

夏の大阪の風物詩、天神祭りでは、祭りの行列の先頭に立ってまわりを浄める役は代々、淀川の被差別部落の人々が担ってきました。渡辺村、西浜、浪速(なにわ)と名前は変わってきましたが、ここは恐らく人口・面積共に日本一の被差別地区です。具体的には、大阪環状線の芦原橋駅から今宮駅にかけて広がる一帯です。

昔の渡辺村の浪速地区は、靴や鞄などの皮革加工や雑業で生きてきた町です。今でも、日本一の和太鼓の生産地です。芦原橋駅の駅前には、太鼓屋さんの老舗が何軒もあります。

ここを拠点に活動しているのが太鼓集団「怒」。全ての差別に怒りをという思いから地区の青年らによって昭和六十二(一九八七)年に結成されました。

なべおさみも、その渡辺姓を名乗っているのです。どうです? 根っこから芸能の民でしょう。光栄だと思いますね、私は。だから、私は「穢多の末裔です!」と胸を張るんです。

潔く生きるということ

「見切り千両」とは、商売人の格言だが、要は、損を損として認め、悪足掻き(わるあがき)を窘(たしな)める言葉でしょう。

どの辺りで見切りを付けるかが大切だと判っていても、人間というものは少しでも損を取り戻そうとする。それで、ますます深みにはまる。諦めも商売の内なのだと諫めているのです。この心理をついてくるのが、電話やメールの詐欺集団ですから。

これは武士の世界での言葉でもあります。各派、各流の剣法は異なっていても、その奥義は剣と剣の間合にある。どのくらいの踏み込みで相手を斬る事が出来るか、その時自分はどのくらいの斬られ方になるのか、といった「皮を斬らせて肉を斬る。肉を斬らせて骨を断つ」の極意も見切りなのです。

「見切り」は、諦めではない。生きる勇気です。この精神を貫いているのが、「潔さ」だと思います。やくざの精神を根本で支えている「男らしさ」は、武士道に生きんとする武士と同一の「潔さ」にこそある。

では、堅気はどうなのか。男らしいとはどういうものなのかを、誰が教えたのだろう。男らしく生きる道よりも、稲を育て、果実を実らせる工夫と努力が優先する農耕民。男らしさが銭を生むか、と商売に精を出して生きる商業人。少々の狡さも商売の内だ。

「男らしさなんて考えてて、田圃に水が引けるか、稲が実るか！」

「男なんか売ってどうします？　うちは物を売っているんです！」

それが本音だ。

ある面、やくざの本質は武士と同じなのだと、歴史を見つめて思う。武士もやくざなのは、「下克上」が血のなせる業だと思えば納得出来ると思いますが。

潔さの反対側にあるものは何か。

「女女(めめ)しさ」だ。

男らしいとか女女しいとか、男と女で言い表しているのは、男尊女卑の時代に出来た言葉だから許されたい。世界中がつい最近まで、そうした通念で成り立っていたのだ。まだ中近東には女性が特別に差別されている国もある。「聖書」の男尊女卑の世界が著しいのも、知っておきたい。ほとんど女性が登場しないベストセラーなのだ。時に出て来ても、「マグダラの女」などとつれない。男女平等の歴史は浅いのです。

潔さは男だけのものと決めていたんだろうね。だから、「奴は男じゃない」と言われるのが、武士の世界でもやくざの世界でも恥だったのだ。

昔は「旅をかける」というやくざ修業がありまして、他国の同業者の元に草鞋(わらじ)を脱いで、一宿一飯の恩義にあずかりました。これでたくさんの汗を流して、博徒は博徒なりに賭場を渡り歩いて男を磨いたのです。何処の誰からどう学ぶかが、旅の修業の基本でした。

旅での辛さの上にこそ、「他人の飯を食って来い!」の意義があったのです。

踏み越えてはならない一線

私はよく、「なべはやくざとの交際が多い」などと批判されました。

その時代は、敷かれたレールの上しか走らない電車みたいな芸能人ならいざしらず、己で道を切り開いて歩く芸能人ならば、多かれ少なかれ、裏社会の人間との交際はあったはずです。

ここが問題です。そうした人との交際では、大切な約束事があるのを忘れてはいけません。それは必ず、目に見えない一線をつくり、その線を踏み越えてはならないという事です。

私は「相手にモノを頼まない」と決めていました。例えば何かを失敗し、相手に脅かされてしまったとしたら、やくざに助けてくれと頼むのは絶対にしてはなりません。

自分の蒔いた種は、自分の手で刈り取らねばなりません。たとえその相手がやくざであったとしても、独り身で出掛けて謝るのを旨としました。失敗だらけの人生ですから、何度土下座して平伏したか判りません。礼を失した己の行動は、相手が納得して許してくれるまで、叱られている事が大切です。

やくざは、簡単には暴力はふるいません。相手の出方で態度が変わります。若くても、末は親分、兄ィと呼ばれる器量の人は、所作も美事です。こちらの落ち度は責めても、それを認め真摯に謝る者に殴る蹴るの行為は決してしません。こちらが姑息に策を弄すれば、相手はそれを見抜きます。

よく見てきた友人の失敗例は、相手のやくざの上の者へ頼みに行く行為です。失敗した、脅かされた、恐くなった、だからそのやくざの親筋に助けを求めてしまう。確かに、これは簡単に片が付きます。親分が電話で話すだけです。

「アイツはオレが可愛がってんだ。堪忍してやってくれんかなぁ。頼むよ！」

「何を仰います。判りました親父さん、申し訳ありませんでした」

これで終わり。自分の親分から言われたら、やくざは弱い。少々不満でも、仕方のないのが道なのだ。

でも、と私は考える。これで相手が心の鉾(ほこ)を納めるだろうか。

逆だと思う。禍根が残り、一つの失敗の、更なる失敗の上塗りなのだ。その人の怒りはその人が我慢したから良しとしても、その人にも子がいるのだ。小なりと言えど、旗頭なのだ。子が親の屈辱を黙って見ていようか。必ず燻(くすぶ)りの火種が残る。やはり、自分の失敗は失敗として、腹いっぱい叱ってもらう覚悟が必要だ。何故なら、やくざは俠(おとこ)を売る商売だからだ。

体を張り顔を売って俠になってきたわけで、その面に泥を塗られたとなったから、恐い姿を見せるのです。それを理解し、必ず一線を引いた交際をしなければいけなかったわけです。

私なんかも顔を売り、顔を晒す商売ですから、顔なんか殴られたら困るのです。それに俠を売る商売ではありません。失敗は失敗、肚を括って単身で詫びるのが最善の方策だと私は決めていました。

それと、相手の稼業の中を覗き見したり、加わったりしない事も大切です。昔は博徒は縄張り内に常賭場を持っていました。幾ら仲良くなっても、どんなに博奕が好きでもこうした所で遊ぶのを慎む事は、絶対の守り事でした。

ある時、菅谷政雄さんが言いました。

「なべちゃんも、一度ぐらい賭場を見学しておいたらよい。わしが一緒に行ったろう」

ボスの車で西成の方のバクチ場に連れて行ってもらいました。

「いいか、両手をズボンのポケットに入れて、賭場から出る帰りまで、絶対に出したらあかんよ。お茶一つ飲んでもいかんからね」

言われた通りにし、何台もの監視カメラが見守るなか、若い衆の居る一階から二階へと上がりました。姿を見るなり、盆茣蓙(ぼんござ)に群がる人々がボスに声を掛けた。その居並ぶ人達に大きな声でボスは言った。

「一寸の時間やけど、なべおさみちゃんが見学するさかい、許したってな。ほれ、両手をポケットに入れとるやろう。見学やからね。よう見とってや。よろしゅう頼んます!」

帰りの車の中で、「もし手入れを受けた時に、あんたの名が出ても、わしが見学と言った事や、両手をポケットに入れとった事、大事な証拠になんのや」と教えてくれた。

私は本当に良い人達に出会えたと思っている。色々なギャンブルが存在するが、私自身は麻雀ぐらいしかやらない。外国でもルーレット台やバカラのテーブルにつく事はない。ましてや隠れ賭博場などには、顔を出した事がない。

血の騒ぎの多い男だから、見えない一線を越えないためには不断の努力をしていないと、自分でも恐いのだ。でも、こうやって七十の坂を越えられたのも、良きアウトローに戒められてきたからだと思う。

だからこそ「やくざ」を繙(ひもと)いてみたいんだあ。

司忍さん、波谷守之さんに学ぶ

山口組六代目は、司忍(つかさしのぶ)さんだ。この人の潔さも考えてみたい。私は感服してしまうのだ。

六代目になったのが、平成十七（二〇〇五）年七月二十九日でした。最高裁が司六代目の銃刀法違反裁判で上告を棄却、懲役六年の実刑を確定させたのが同年十一月二十九日。司六代目が大阪府警へ出頭、収監されるのが十二月五日です。

この記事を見た時、本当に男として功成り名遂げた時なのに、もう少しシャバに居たいだろうなと思ったものでした。

しかし、やくざな世界に生きる者は、大昔からお上を畏れ、お上には楯突かずに生きてきた歴史があるのです。まして一家一門という組織の長はなおさらです。お上をないがしろにしては、只の「無法者」になってしまいます。

やくざにはやくざの律があります。不文律です。書き付けてはこなくても、口伝として永永と守り伝えてきた掟です。やくざは、どうあらねばならないのか。やくざとは、何なのか。やくざは、どう生きるのか。そうした決め事を、その時代時代を生きた先輩諸氏、先達が、一家一門の掟として一つひとつつくり出してきた律法です。それがやくざの所作をつくっていったのです。

菅谷政雄さんの舎弟であった波谷守之さんも、私の見た武士の一人です。

自分のために父親を殺され、渡世上の父親たる親分をも敵対する組の人間に殺されています。凄まじい人生です。私が好きな波谷さんの言葉は、本堂淳一郎さんの書いた「最後の博徒・波谷守之至言集」(「実話時代」連載)の中に出て来ます。

「討てん仇ではない。討たんのだ」

広島やくざの抗争は、『仁義なき戦い』の映画で窺い知る事が出来ます。波谷さんは一身を賭して、広島やくざに平和をもたらしました。

「お前達は、誰が仇か、どれだけのことをして、何人殺せばよいのかわかっているか。寝言を言わんと、堅気になれる者は堅気になれ。渡世でしか生きられない者は、体を任せられる良い人を探せ」

　親分を殺された子分が、仇を討ちたいと泣いて言うのに、言って聞かせた言葉がこれです。そして、その親分にも言っている。

「いままでのお前なら誰でも生命は取らんじゃろう。だが、お前がどれだけお人好しでも、代紋を持って若中を育て、その中から本物の男が一人でも二人でも育つ道中では事件が起こる。その度にお前は生命が狙われることになるど。やめておけ。（中略）お前には渡世の極意がわかっていない。お前の気性では無理じゃど。代紋、若中を持ったら嫌なことでも左右を決めにゃならん」

　やはり武士道です。

　もう一つ、私が好きな波谷さんの言葉があります。

「親分、友人、女房、子供によい道があれば誰もヤクザ渡世で苦しむ者はいない。いざという時、愛情云々（うんぬん）をいう余地のない社会だから、ここに人間としての酷さ、厳しさが生まれるのです」

この険しさを、花形敬さんは十七歳の私に諭したのですね。もし仮に私が波谷さんに、若者として人生のとば口で会っていたとしたら、やはり上の学校に行けと言われた事でしょう。直井二郎さんといい、花形さんといい、やはり人間として優れていたのだと思います。

「やくざなのに?」と言う人は、この辺で本を読むのを止めなさい。やくざも堅気も関係なく、私は人間が好きなのです。惚れた男は、女の数より多いのですから。

役者という職業は、人間を色々と演じる稼業です。だから色々な人を見て、会って、話して、学ばなくてはなりません。とにかく人間の観察こそが、役者の学びの基本です。面白い人間にも優れた人にも会って、今日まで来ました。

近年、コンプライアンス云々で、やくざ社会の者と親交がままならない世の中になりました。年賀状のお付き合いすら出来ません。暑中見舞いやら挨拶ぐらいは、人間として当然の礼儀だと思うのだが、私達業界内からも自粛の声が掛かるのです。

しかし、その声が上がる前の時点で、あちらの方から、メール等の連絡を絶って来ました。それはこちらに迷惑を掛けまいとする配慮だったのだと私は思っています。

本物のやくざとは、こうした人間なんですよ。

多くのやくざ者は、懲役を経験しています。

田岡一雄（山口組三代目）、稲川聖城（稲川会初代）、石井進（稲川会二代目）、稲川裕紘（稲川会三代目）、波谷守之（波谷組組長）、菅谷政雄（三代目山口組若頭補佐）……、皆さん唯唯諾諾と下獄している。

波谷さんは、冤罪により八年間も服役していたが、身の潔白が晴れて出所したのに、一言たりと怨嗟の声を私は聞いておりません。一審の「懲役二十年」に対し上告したのは、「殺人教唆」容疑への身の潔白を自身が一番良く知っていたからこそです。そして無罪。その間、八年の獄中生活でした。

鶴田浩二さんを中心とした人々が、細やかな慰労会を新宿で催し、波谷さんの帰還を祝いました。私は司会を務めました。

波谷さんの清清しさは、決して人の噂話をしないという事に尽きます。誰がどう、彼がこうなどとは、口が裂けても言いません。

私は人生の中でこうした人を何人も見て、感心して生きています。初代林家三平さん、牧伸二さん、世志凡太さんは、こうした人間性の人達でしたから、話していても心が洗われました。高倉健さん、菅原文太さん、里見浩太朗さんもそうでした。笑顔を返すだけで、決して噂話に乗ってこない人達です。今は、そうした姿を舟木一夫さんや船越英一郎さんに見ています。

こうした方と過ごしていると、自分が恥ずかしいとつくづく思います。同時に身が清まる思いがします。人の悪口を口にすれば、それだけ自分を貶めてしまうのだと教えられています。

それで気が付くのは、やくざの親分と言われる人は、決して軽軽に他人の悪口を言わないのです。「あいつは……」などと言ってしまった事が、どのように相手に伝わって、不快な気分にさせてしまうかを身をもって味わってきたのかもしれません。それが取り返しのつかない不祥事に発展してしまう事も多いのでしょう。意地や面目を大切にする男の世界ですから。

私が今でも「おやじ」と呼ぶ藤井寺の浅田照次さんは、何を聞いても「……ボチボチや!」としか答えない人です。昔、山口組系の親分でした。その頃、若い衆に、「やくざは寡黙でおれ」と教えていました。私が何故ですかと聞くと、こう答えました。

「喋らなければボロが出んのや。元元がそんなにかしこくないんやから、黙っていればごまかせる。やくざはなんぼのもんかを判らせせん事が大事なんや……」

それは仲間を売らない、秘密保持の気質を生ませる基本なのかもしれません。口を割らない、口が堅い、これはやくざの必須条件で、根本精神としての掟です。

波谷さんは、「言いたい事は山ほどあっても、言ったらきりがない。言っても仕方ない事は言えば言うだけ惨めになるのやから、言わない我慢も大事な男の道ですよ」と、私なんかにも教えてくれています。やはり武士の如き人でした。

山口組の司忍さんに至る時代までの人々に、やはりサムライが居て、その人々を垣間見て生きてきた私ですが、やはり男らしい人には魅力を禁じ得ませんでした。実に幸せな事だと思っています。そして、そうした本物の人々が、これからも生まれていくと思います。

なのに、私はまだまだ未熟です。

皇居にて

私みたいな者でも、天は不思議な僥倖を下さいまして、ある時から皇居に出入りする機会を得ました。

約束がありますから公的に書けない部分は申しませんが、一般的に出入りの出来ない場所を見せて頂けました。私の言う「嘘部の民」としての渡辺党の歴史の中で、そうした特権に恵まれたのは、私が初めてではなかろうかと考えました。

ある時、桜を見に皇居内を歩いていた時です。警護の皇宮警察官が近寄って、小声で「今少しで両陛下が車でお通りになります。テニスに参りますので」と教えてくれました。私が度々出入りしていて、両陛下の身近に仕える方が一緒にいるという事もあっての好意でした。

私達は足を止め、写真など撮っている風情で、車を待ちました。すると、ゆっくり車が来るのが見えました。コースはかなり遠くを走りゆくと思われたその時、急にハンドルを切って私どもが一列に並ぶ目の前で停まったのです。

ゆっくりゆっくり、窓が開きました。美智子皇后ではありませんか。なんと窓を手回しで開けたのです。今時、手回しの車に乗られているのです。

ゆったりと一同に目を流し、私を見て目を留めました。その瞬間、私を何者かと認めた光が走ったのです。両陛下はテレビが大好きだとお聞きしておりました。同じ時代を生きてきた者だけが知る黙示を、私は電気が走る如く受け止めました。

「何をなさっていらっしゃるの？」

そう仰いました。私の側に立つ宮内庁主厨長（しゅちゅうちょう）の高橋恒雄さんにです。天皇の料理番の親方です。

「桜を案内しております」

天皇陛下も身を乗り出すように私達を見ました。全員が固くなって礼を致しました。

「桜は奥のも御案内してね」

皇后が高橋さんに仰って下さり、普通では参拝出来ない場所へ行く事が出来たのです。

「お健やかにお過ごし下さいますように！」

私はそれだけ申し上げるのがやっとでした。

「ありがとう！」

お二人が同時に仰いました。そして、ホンダの古い古い小型車(インテグラ)は動き出しました。天皇陛下の運転するマニュアル車が遠ざかりました。ホンダさんよ、一台献上しませんか？

頭を下げて見送りながら、涙が滂沱(ぼうだ)の如く流れました。見ると、妻も娘も涙です。その日のゲストは山口組三代目の娘・田岡由伎さんでしたが、「何でこんなに涙が出るの！　私達日本人なのよね！」と言いながら泣いていました。

天皇・皇后両陛下のお許しを得て、案内されたのは、皇居内の二ヵ所だけに咲く「御衣黄(ぎょいこう)」という桜の木です。何と、この桜の花は、「緑色」なのです。一本は「賢所(けんしょ)」というところに咲きます。「かしこどころ」とも呼ばれる、宮中三殿の一つです。もう一本は、私達も入れては頂けないところにあります。毎年五月初旬、皇后様は生物研究所内の蚕室で、蚕の卵のついた紙きれを櫟(くぬぎ)の枝につける「山つけ」を、また、中旬には孵(かえ)った蚕の幼虫に桑の葉を与える「給桑(きゅうそう)」をなさいます。

これは歴代の皇后に受け継がれているお仕事です。古からの蚕で、今の蚕とは違って非常に小さなものです。この絹で、古文書の修復や、古くから伝わる装束も繕われているのです。ですから、皇后様の蚕は、日本古来の伝統を今も守っている貴重な文化なのです。

そこは高い板塀で囲まれていました。板塀の内側の畑には、桑が植えられているのです。そこから伸びて外へ枝を伸ばしていた桜が、御衣黄でした。

養蚕は「機織り」と言うぐらいですから、秦氏のもたらしたハイテクです。この技が、皇室内に伝承として残り、存続している事実を考えると、私は日本の国の中にある一本の糸を強く見つめてしまいます。日本史の中で八世紀は文明開化、産業革命の一大起点です。平安京を創造した秦氏の気は、今の世にもこうして発見出来るのです。

また、秦氏のハイテク、農耕の業は、この場所内にございました。歴代天皇は、この桑畑の下方にある水田で、春はお田植え、秋は稲刈りをなさいます。私は垣根越しに水田を垣間見ながら、思わず祖先に感謝しました。私は秦氏の下に生きた嘘部の民の末裔ですから。

はっきり申し上げますが、日本におけるやくざの誰一人とっても、天皇を敬わない者はありません。

身がやくざなため、天皇に接見出来る機会など絶対ないと言えます。しかし、天皇の行幸に難事が起きないのは何故でしょう。

太古の昔から、こうした天皇の外出時には嘘部の民はもとより、各地の裏社会に生きる人々は陰ながら手を組み、警固の輪を張り巡らせて護り抜く努力を惜しまなかったからです。天皇・皇后両陛下はそれを御存知なのです。

私どもには知らされぬ事ですが、天皇は皇居内の賢所にて、深夜の二時十五分に、古式に則る禱り(いの)を行っているそうです。その祈願の中には、表に出ない民の幸せや安穏を慮る文言があると言われています。国家と国民の安寧を願って、連綿と続いている天皇としての職務だと聞きますが、これを週の内の定められた日々、密かに続けておられるのです。ありがたい事でございます。

午前二時十五分には意味があると、私は気が付きました。それは丑(うし)三つ時と言われた時間です。神が降臨する時間がこの時間だと言われています。陛下も、この時間に禱りを行っているのですから、奥が深い事と思えます。

私が心の底から田岡由伎さんを、皇居内にお連れしたかったのには訳があります。それは遠い若き日、父上の田岡一雄さんにお世話になった一つの返礼を、娘さんにしたかったからです。

由伎さんは娘として、山口組三代目としての父親を見て来ました。どんなに三代目が天皇を崇めていたのかをも、見つめて育ったのです。

私は万感を籠めて、由伎さんをお連れしたのでした。

そして、天は予期せぬ天恵を与えて下さったのです。私達だけのために、目の前に、天皇・皇后両陛下を拝ませて下さったのです。

私は、三代目もきっとこれを見ていると思いながら泣きました。由伎さんの背中には、御両親と共に何万の人々が見守っており、共に頭を垂れ、そして涙していたと思っております。

春の陽の光の中で、私達はしばらく泣いていました。嬉しい涙でした。

天と主厨長（当時）に今でも深謝です。

第四章　政治家と明大裏口入学事件

小針暦二　安倍晋太郎　佐藤栄作　中川一郎　玉置和郎　扇千景
小泉純一郎　飯島勲　田川誠一　萬屋錦之介　片岡鶴太郎
ビートたけし　コロムビア・トップ・ライト　なべやかん　高田文夫
王貞治　ジャンボ尾崎　市川海老蔵　小泉進次郎　森中克彦
牧島功　牧島かれん　伊達忠一　河野道明　小佐野賢治

私の親分は安倍晋太郎先生

私が結婚した時、女房のお袋さんから奪取したような気持ちが、とても引っ掛かっておりました。直きに下北沢に家を借りたのを幸いとして、家で義母と共に過ごせるようになりました。この義母の父親は、イタリア語の辞書を日本で最初に出した人で、専修大学初代学長でした。

また、偶然でしたが、義母の弟が同じ下北沢エリアに家を構えておりました。この人は大蔵省のエリートで、一中・一高・東大出のキャリアでした。北海道東北開発公庫の総裁でしたっけな。この叔父から家へ来てとの連絡がありました。

「福島交通の小針暦二社長が、君の後援会長になると言ってるが、君はどう思うね？」

小針社長の息子さんとは仲良くしていましたが、そんな話は初耳でした。

ここから急速に政治家との交流が始まりました。小針社長から、「これからの時代を担う人だから後援会の名誉会長になってもらって、仲良くしていこう」と申し渡されました方が、安倍晋太郎先生でした。先生の家と私の家は、中間に時の総理佐藤栄作邸があり、非常に近間でした。

これも奇縁ですが、渡辺プロは佐藤首相と昵懇でしたから、選挙では渡辺プロ所属のタレントは総理側の代議士の応援に駆り出されました。しかし、党は同じでも安倍先生は岸信介の娘婿ですから福田派で、佐藤総理とは派閥が違います。岸信介と佐藤総理は兄弟であっても、自民党内ではやはり自分の親分への忠誠が第一です。安倍先生の親分は、福田赳夫となります。

私自身の政界での原点、親分は安倍晋太郎です。青嵐会を結成し、中川一郎さんや玉置和郎先生を紹介されても、私の親は安倍晋太郎先生でありました。

ですから先生のためには、幾ら事務所から要請を受けても、佐藤総理閥はおろか自民党の誰への応援にも応じませんでした。安倍先生か小針暦二社長からの命令が無い限り、動きませんでした。渡辺プロ命令を無視したのは「政治と芸能活動は別」との信念があったからです。

でも、政治は裏で繫がっているのですね。やがて私の後ろには岸先生や安倍先生が居ると、私のお屋形様・渡辺晋社長に知られてしまいます。どちらも「シンさん」なのが奇縁でして、私は天の差配だと納得して生きていました。

政治の世界での親分との仲が深まると、参議院議員に立候補しないかと、しきりに誘いを受けました。山口淑子さん等の芸能界からの転身組や、高橋圭三さん、宮田輝さんなどのタレント議員の華やかな時代でした。

その時よく安倍先生と遊んでくれたのが、小針社長の息子さんの美雄さんと、もう一人、これは絵に描いたような美女でした。

ある時、安倍先生が真剣に出馬を考えないかと私を説得しに掛かりました。赤坂のお座敷で卓を囲んでいた時です。

「先生、私は役者になりたいって小学校五年の時に思って、それで生きられている幸せ者です。先生を日本の宰相にしたいと願って、私は応援に身を捧げる覚悟で生きてるんです。私は役者で生き抜きますから、絶対出ません」

そう断言したために、それ以降、逆に先生からの信用が倍増し、重用されるのです。

その時、私は、こうも申し上げました。

「先生、そんなに言うなら立候補してもらったら如何ですか？」

私の指は美女に向きました。世はマドンナ旋風の吹く頃でした。

「うーん！」

そうして、一人の女性参議院議員が誕生致しました。それが、扇千景さんでした。

私の好きな政治家、そして

実は、扇千景御夫妻とは古い古い御縁を頂いていたのです。何しろ勝新太郎夫人、中村玉緒さんは中村扇雀（現・坂田藤十郎）さんの妹さんなのですから。縁とは異なもので、勝さんが扇さんを扇雀さんと競っていた若い日もあったとか。

御夫妻に私達夫婦は、子育ての指導を受けていたのです。子供の幼稚園の入園から学習塾まで、お世話に為りっぱなしでした。

それが安倍晋太郎先生の内輪の集まりで顔を合わせるや、私達は頻繁に寄り合う人間として御縁が深まっていきました。各地への応援も一緒に行動する事も多くなっていきました。この裏方として存在していたのが、福島交通や福島民報社、ラジオ福島などの経営者で〝ミニ小佐野〟と言われた福島のドン、小針暦二社長だったのです。

前の時代の政商と言われたのが小佐野賢治、国際興業社主ですが、昭和六十一（一九八六）年に世を去りました。戦後最大の政界後援者と騒がれましたが私などには夢物語の人でした。しかし、十年以上たって未亡人の英子さんと、ジャンボ尾崎邸で知りあいました。青木功プロが知遇を受けていた関係で、私なんかにも優しく接して下さった忘れ得ぬ人です。伯爵家の令嬢が嫁いだのですから小佐野さんは、木下藤吉郎みたいな人だったのでしょう。私は英子夫人から頂いたパワービルトのゴルフ道具を、パーシモンの時代が終わっても頑（かたくな）に使用していたものでした。その小佐野さんのミニ版と揶揄されながら、政界のタニマチとして登場したのが小針社長でした。昭和四十年代の前半です。この時代はまだ、どれだけ有利な支援者を持っているかが、代議士の器であったのです。そうした贔屓に身を委ねなくては、一人前の政治家とは言えないのでした。

ですから、良いスポンサーがあればこそ、国会近くのビルやホテルに私的事務所が持てるのです。又、赤坂の料亭や待合も使えます。これもスポンサー払いです。

しかし、誰でもがそうした人が支援してくれるわけではありません。見込まれたからこその処遇です。政治家としての将来を望まれた者だけへの恩典だったはずです。安倍晋太郎と言う一代議士に目を付けたのが小針社長でした。

二人の関係を見つめ始めたのは、安倍先生が平代議士の時からです。

確かに岸信介先生の娘御を妻としていましたから、政治家としての良血性は認められますが、海の物とも山の物とも判別しかねる時代でした。それなのに小針社長の思い入れは、尋常ではありませんでした。

立場を弁(わきま)えた政治家なら、二心(ふたごころ)あって接近して来る人間を直ぐ見抜きます。注意と警戒は充分していましょう。何が良い何が悪いは承知しているからです。

やる事をやって、要求をして来ない人間が、小佐野賢治さんだった気がしますが、小針社長も同類だった気が致します。

やはり木下藤吉郎的な懐の深さを感じておりました。どんなに政治家の内懐深くに飛び込んでも、私的な有益性を切り出さずに年月を重ねなくては、本当の支援者に為り得ないのです。藤吉郎は信長の為に懸命に動けども、己れの望みなどは言上しておらぬはず。ただただお屋形様の為に働くのが嬉しかったのでしょう。政商と語られた小佐野、小針のお二人も、まことに藤吉郎的性格であったと思えてなりません。

己れの損得より先に、代議士良かれの気持ちが先に立っていたようでした。

やがて安倍先生も農林大臣となり、福田派のプリンスと呼ばれるような出世をして参ります。この頃、家に先生から電話が掛って来ました。

「三分で来れる？」

残念ながら羽がありません。車で飛んで行きました。議員会館には秘書の垣内昭さんが待っていて、

「トップ当選させたい人間がいてね！」

と説明が始まりました。垣内さんとも今もって仲良しさんです。

「将来、閣僚にする為にはトップ当選してくる必要があるんです。うちの大将に福田赳夫先生から指令が出たんです」

聞けば一年生議員だと言う。

随分見込まれたもんだ。これって「青田買い」って事だろうと思った。

一回目の選挙に落ちビリッケツで当選して来たと言う。それをいきなりトップ当選させろとの至上命令が下ったのだ。

党本部に走った。公報の人間に教えて頂いて納得出来た。選挙地盤の実状をであ

る。

何が何んでも勝たせろ、トップじゃなきゃいかん。作戦会議は安倍先生の言いつけで、私の家でとなった。翌日、姉さんの信子秘書と飯島勲秘書が飛んで来た。

「戦い方を教えて下さい」と飯島さん。

現在ではツルツル頭の政治評論家として名高いが、髪の毛フサフサの若き日の姿だった。となると、この一年生代議士は？

そう、小泉純一郎元総理の話なのです。

四十年を超えた昔の話で恐縮だが、あの小泉さんにも苦境時代があったのですよ。

私の名刺ファイルには信子さんのも飯島さんのも、勿論小泉さんのも現存されています。何枚も何枚もです。その「コ」のページに、一枚だけ「ヤ」の名前の名刺があるのです。

私の胸にまざまざと四十数年前が甦って来るのでした。

「ジャパンローヤルゼリー販売株式会社　社長　山口喜久二」

何故、この人の名刺が小泉ファミリーの中に封じてあるかと言えば、実はこの人の話をヒントに小泉勝利作戦を捻り出したからです。

小泉さんは代議士家系の人です。祖父は逓信相、父は防衛庁長官で、将来を見据えて福田先生の秘書になった人です。やはり並の人では無かったのです。で、川崎、横須賀の選挙区には、京浜重工業地帯の労働組合をバックにした、自民党の田川誠一さんが突出した人気を博していたのです。これに勝つには並ではありません。この時です、これも野坂流の天の閃きでした。

「山口さん方式で行くか!」でした。

山口喜久二さんはハナ肇さんの友人でした。でも何かと私に親しくしてくれ、自分の創り出したと言うローヤルゼリーの糖衣錠を、下さるのです。目の玉が飛び出る程の値段の、健康補助食品でした。これを貰うのは良いのですが能書きも付いてくるのです。

「蜂蜜とはねぇ……」

「ローヤルゼリーとはねぇ……」

会社を軌道に乗せる為に必死の時でしたから、新宗教への勧誘なみの熱意です。私の頭の中には蜂の巣の形ぐらいしか残っていませんでした。ところが小泉信子さんや飯島さんと話していた時、山口さんの蜂の巣が浮かんで来たのです。

向こうが大組織の後援会なら、こちらは「蜂の巣作戦」で行こうと決めました。

つまり、小さな小さな小泉純一郎後援会を、選挙区内に無数に立ち上げるのです。何十人、何百人も集めなければならないのなら、作る方も大変ですが、五人で良いかとなれば後援してくれる人も楽です。「何町一丁目後援会」「一丁目飲食業後援会」「一丁目敬老後援会」と、会長、副会長、幹事長、事務長と名目をお願いしてしまうと、辞める人とてありません。「小よく大を制す」です。

私は二回目、三回目、四回目の選挙まで、お手伝いをしました。やっと四回目の当選で、トップに為ったと記憶しています。

記憶の中に、此の戦いで得た得難い人物が一人居ります。小泉さんの父君の秘書から、市会議員、そして県会へと登っていった青年でした。今から思えば失礼な事を言ったものだと思いますが、私は彼に、

「ぜひ、市会、県会で頑張って、神奈川の重鎮になって欲しい。そしてキングメーカーになって！」

と頼んだのでした。

純一郎さんの秘書も務め、市会議員に為り、県会議員にも為り、そして小泉純一郎

総理誕生を地元で守り抜いた男、それが牧島功さんです。二〇一五年四月、十一回目の当選を、神奈川県のトップで果たしました。私も少しながら応援に駆け付けました。今も続く友情の証です。彼の役目は、まだまだ続きます。

娘、牧島かれんさんが小田原から衆議院議員としてデビューし、今、二回生ですから、これを育てなくてはなりますまいから。更に、明日の政界を任うべき若き良血の小泉進次郎さんも守り育てなくてはなりません。

私は「やはり野に置け蓮華草」と言う格言が好きです。

政治家には地方政治家として、その地で貢献するタイプと、中央に出て国家、天下を率いる人間の二通りがあると信じています。

そうした目で自分の七十六年間の人生を見渡した時、忘れてならぬ人間が存在しています。これも安倍先生の御縁ですが、山口県美祢(みね)市の森中克彦さんです。

日本最若市議会議長の記録を持っていた男で、現在も山口県議会議員です。

若き日、これも彼と話し合ったものですが、県会に居て、決して中央を目指さぬようにと私は要請したのでした。

「うん!」

この人も侍でした。

じっと地元で耐えたから、河村建夫さんや安倍晋三さんの泳ぐ世界が保てたと、私は思っています。晋太郎先生の遺産とも思える森中さんや、その親友の河野道明社長のような長州人を見ていると、つくづく己れの小ささが身に突き刺さってきます。どこが凄いかと言うと、己れの知り得た素晴らしい人間を、惜しげもなく他人(ひと)に紹介してしまうのです。

安倍先生がそうであったように、山口県の中にそうした人間がいる事に敬嘆です。そして、それが安倍先生から生まれた人間関係である事に、今更ながら感服です。自慢になりそうで晋三さんとの話は、総理の間は致しません。

政治家で忘れてならない人がもう一人。

これは私が安倍晋太郎先生にも小針社長にも許しを得ずに出掛けた、唯一の応援です。

それは一本の電話から始まりました。

「北海道に応援に来てくれませんか?」

直感的に私はこの人を好きになりました。彼の勇気と行動力にぐらっと来たのです。

芦別は採掘し尽くした廃坑の炭田地帯でした。その惨状は身の凍るみぞれと共に、深く身に染みました。三日の約束でしたが、もう二日選挙カーで御一緒しました。驚く発見は、私の父が若き日、後の名優、佐分利信さんと二人で炭従者の子供達に学業を与えようと、赴いた歌志内炭鉱も選挙区内でした。

不思議な感慨を覚えたもので、この人が深く心に残りました。でも選挙では負けましたから、しばらくは音信不通で過ごしました。

しかし突如、道会にでるからと連絡があり、再会しました。札幌から出て当選し、年を重ねて参議院議員に為っております。私と同い歳ですからこの前の選挙が大変でした。自民党の北海道からの公認がなかなかおりないのでした。私は秘かに総理にメールを致しました。「最后の御奉公と思っているのですから、最後の華をもたせて頂けないものでしょうか」と。選挙ギリギリに、自民党最後の公認がおりました。そして当選も果たしました。

今、参議院自民党幹事長　伊達忠一さんです。私にとって大切な友人の話です。

好きな政治家ができました。

私の人生の中の政治家への思い入れ 最後のコーナーかもしれません。

追いかけ同様に演説を聞いては、喜んで何年かたちました。

一人は牧島かれんさん。

父上は小泉純一郎さんに匹敵するほどの弁舌上手です。

これも血でしょうか、かれんさんも実に上手に話し聴衆の心を摑むようになってきました。

今では安心して見ていられます。

大事に生きて行って欲しいものです。

横須賀にもう一人、
小泉純一郎さんの「判りやすいスピーチ」を受け継いだ政治家が生まれました。

それが小泉進次郎代議士です。

この人は上手い。

私は嬉しくって、毎度横須賀へ車を走らせるのです。そして、ほとほと感心しているのです。

ある時、ステージに登る前のわずかな時間、進次郎さん中心に雑談していました。袖での会話です。

ボクシングのカシアス内藤さんが言いました。「ボク、防衛大学にボクシング教えに行ってるんです」防大は横須賀にあるのです。

「へーえ、カシアスさんに習うんじゃ、強い選手が育つんじゃないですか？」

進次郎さんが言うと、

「それが守り（ガード）は堅いんですが、攻め（アタック）がまるで出来ないんですよ」

と、ここ迄が立ち話で、アナウンスが入り代議士はステージに登っていった。

「今そこで、カシアス内藤さんと話していたんですよ」

と話し始めました。

カシアスさんを説明しておいて、防衛大学のボクシングの話に入った。

ここからが舌を巻く天才的な上手さだ。

「何んで体力に富んだ防大の学生が、あんな名人に習って強いボクサーになれないんでしょうかねぇ？」

と、客に問う。

「さて、何んでなんでしょうね？」

再度押す。客は考える。

「それはね……」

と出て来る迄の間を、「呼吸」と言う。長すぎても駄目、短くても駄目。

教えても教えられず、訓練しても習得出来るものでもない。

天与の才とはこの事だろうと私は見た。

名人、達人の抜刀の瞬間に似ている。

やはり阿吽の呼吸か。

「それはね……」

誰もが待つ。

澄んだ声が優しく響き渡るのだ。

「それはね、日本の自衛隊って、専守防衛ですからね！」

まだ判らない。

うんと優しい声が流れる。

「守るだけ」

「………」

やっと判ったか？

「攻めちゃ駄目だからね！」

で、どっと笑いが溢れた。

私は舌を巻いた。もう私の舌はぐるぐる巻きのはずだ。

小泉進次郎、恐るべし。

臨機応変の柔軟と、何よりの特性は、身の内に一刻を無にしない臨戦態勢が筋を通している。

更に言えば品性が備わっていて美しい。

これに徳を積み重ねれば品格が生まれる。

その時こそ、時代は巡って来るだろうと、牧島さん同様、私も夢を見る。

皆さんで育てて下さいね。

それから

平成三（一九九一）年四月二十九日の早朝、けたたましく電話が鳴った。

まだ睡眠中だった私に、妻が手渡してくれた受話器から、後援会長小針暦二社長の声が響いた。

「読売新聞見てみろ！」

それは、小さな記事だった。

「明治大学で不正入学」——。

五月一日には「明大裏口入学問題」記者会見があり、私は人生最大のピンチを迎えました。安倍先生のお宅にお電話すると、奥様の洋子夫人が、落ち着いた声で私を励ましてくれ、そして静かな口調で仰いました。

「主人はもう意識はなく、他人には申し上げられませんが、明日をも知れません」

そして五月十五日に、永遠の旅路に出ました。福田派のプリンスと期待された政治家は、総理の座を目指しながら、ついに志半ばで眠りについたのでした。

あれは、竹下登さんと一騎打ちで総裁を競った日の事です。中川一郎先生はじめ小針社長や親しい人の詰めている赤坂の料亭で、安倍先生は突然言いました。

「ここは一番、竹下さんにやって頂こうと思います」

全員が驚きました。総理総裁が手の届くところまで来ていて、票集めに奔走していた時でしたから。

「竹下さんと私は昭和三十三年（初当選）組ですが、実は私は三回目の選挙で落ちているのです。ですから、竹下さんの方が実質的に上です。ここは竹下さんにやって頂いて、私は次を目指します」

なんと男らしい人だと、今更ながら惚れ直す思いでした。潔いったらありゃしない。白洲次郎さん流で見て、「本物」の政治家だったと、人生での出逢いに感謝しています。

それにしても、先生が逝かれた頃は、私の家は報道関係者で埋めつくされておりまして、とてもお別れに参上出来ない有様でした。

私は大きな後ろ楯を失いました。

小針暦二さんも、間もなく佐川急便問題が世を騒がせ、あっと言う間に、黄泉の国へと出掛けてしまわれました。

たけしさんに息子を託して

ある時、萬屋錦之介さんと、新幹線でバッタリ会い、京都から東京まで二人きりで話し込んだ。福の神は何処に居るのか判らないもので、子供向けの小さな番組だったが、萬屋錦之介さんの中村プロで制作するテレビ番組の司会役を仰せ付かった。番組には毎回、お笑い系の芸人がゲストで出るのだが、予算的な関係から無名の者達が選ばれて来た。ワンクールが三ヵ月だが、ツークールもすると、週に一回の番組でもかなりの数の芸人が登場したことになる。

ここで私は、将来に期待を掛ける若手を重点的に登用させませんか、と提案した。私が選んだのは二組で、これを一週おきに出てもらったらと進言した。それが片岡鶴太郎さんと、ツービートだった。

鶴太郎さんは、小林旭さんの形態模写一辺倒、これで押し通した。やる方もやる方だが使う方も使う方で、出て来りゃ小林旭さんの戯譃化されたギャグをやった。体の小さな男が、精いっぱい恰好つけた大男の旭さんを演じた瞬間に、本物を彷彿とさせて、私は何度見ても腹の皮を捩った。さながら室町時代の狂言とは、こうした芸だったのだろうなと舌を巻いた。

一方、ツービートのビートたけし・ビートきよしも、まだ世に出てはいなかった。私はコロムビアABC楽団の平さんというバンドマスターの息子と中学の親友だった関係から、昭和二十七（一九五二）年頃から有楽町あたりのホールで、コロムビアレコードの歌手のショウを度々観ていた。この時、司会に出て来る漫才師が面白くて愕然としたのだが、これがコロムビア・トップ・ライトのお二人だった。この時の衝撃に似た面白さを、ツービートに感じたのだ。

後年、この方々はものの美事に大成するのです。才能って、「クシュ」には大切だよね。

また、ある時、私達家族は、熱海に向かっておりました。

ところが大渋滞になり、にっちもさっちも動きが取れない事態になりました。ノロノロがピタリと止まり、遅々として進みません。有料道路を走っていましたから、何時まで経っても前も後ろも隣も、同じ車です。

ふと隣を見た息子が、素っ頓狂（すっとんきょう）な声を上げました。

「ウヘェー！　コマネチが居る！」

「あっ！　本当、本当！　ホラ！　ホラ！」

娘が母親を促しました。私も何事かと隣の車を見ると、一段低い位置にポルシェのオープンカーが停まっておりました。この車の車高は低いですから、私のボロ車より下にあります。

向こうは能天気な私と違って、とっくにこちらに気付いていて、何とか隠れおおせたいと苦慮していたのでしょう。でも、「コマネチーッ！」と売りに売っている若き日のたけしさんですから、見つからない方がおかしい。後方の車は何とかなるが、前方の車のバックミラーから逃れるために、極端に俯いていたのが禍（わざわい）して、息子の注意を呼び込んでしまったのでしょう。

たけしさんの気持ちも判ります。やっと世に出てきて、陽の当たった自分を愛でて、念願の車を手に入れたのでしょう。めったにない休みに、その車で伊豆に向かって一つ走りとなれば、きよしを同行するわけありません。助手席には男じゃない人間が座っておりました。しかも、老年ではありません。中年でも熟年でもありません。

少し気持ちを楽にしてあげようと、私は麗らかな陽射しを浴びて参っているたけしさんに声を掛けました。

「今日は仕事？」

仕事のわけ、ありません。魂胆バレバレの訳ありです。

「あっ！　こりゃどうも！　御家族でお出掛けですか？」

「そうなんだけど、参ったね、この渋滞！」

「参った参った！」

参ってるのは渋滞ではないと判ってるけど、

「本当だよねーっ！」

と言ってる時に、車が急に動き出した。

走り出したら、ポルシェは速い。そのスピードを表現するならば、「雲を霞と」消え去った。

また、月日が流れた。明大事件の一件落着の日の事だ。

「雲を霞と」消え去って以来、「雲の人」となっていたビートたけしさんに電話をしたのは、東京地検の検事さんの机からだった。

「息子さんを何とか考えてやらないとなりませんね」

検事さんの優しい一言で、私は閃いた。

「電話お借りします」

たけしさんは映画監督として、編集で砧の東宝スタジオに居た。電話のやりとりを聴いていた検事さんが私を見て言った。

「良いアイデアですね」

私はたけしさんに、「会いたいのだが」としか言ってない。たけしさんは私に、「こちらに来られますか」としか言ってない。

「一時間以内に参ります」

それで受話器を置いたのだ。良いアイデアなんて一言も言ってない。なのに自信たっぷりに、私の頭の中を読んでいるのだ。こんな人相手に嘘なんてつけるわけが無い。何処の道にも凄い人が居るものだと、ここでも思い知らされた。

たけしさんが立っていた。

私は近づいた。

「やあ」でも、「どうも」でもない。

黙って握手した。

明大事件の司法的部分の全てが解決して、ほっとした気持ちの体に、たけしさんの温かな情がどっと流れ込んできた。また、天使が舞い降りてきたのだ。

「息子を、頼めないかね」

唐突な問い掛けに、ひとつ、ふたつ、みっつぐらいの間が流れた。たけしさんが口を開いた。

「私が五万出して、師匠が五万出して、それで家を出てやるなら……」

決まった。五秒か六秒の出来事だった。これだって瓢箪から駒じゃないかな？

明大事件の負の部分は、北野武という人間によって救われたのです。

明大裏口入学事件の真相

「なべさんの息子が合格したってのは、明大文学部の二部なんだろう？」

「そうそう、二部って事は……」

「夜間学部って事だよな！」

「そうそう、夜間なんだぜ夜間！」

「なべが夜間……ん！」

「う？」

「なべがやかんで……」

「ん！」

二人同時に、

「なべ・やかん！」

「なべ・やかん！」

深夜にテレビの生放送で話していたのは、ビートたけしと青島幸男二世とも言える高田文夫のお二人。

これで、渡辺晋社長からいただいた「渡辺心（しん）」という本名から、「なべやかん」となった。

王貞治さんもジャンボ尾崎さんも、運良くこの番組を見ていたそうで、

「いい芸名で良かったね」

「あそこで瞬時に付けちゃうなんて、あの二人も凄いよね」

と喜んでくれた。

こんな大天才の本物が喜んでくれるものだから、家族も喜ばないわけがない。

一番ハッピーだったのは本人で、少し「負」の強い芸名かなとこっちが思っていたのに、実にあっけらかんと御師匠に付き添って嬉々としていたのには驚いた。

私の所作で息子を苦しめたなあと済まない気持ちは、クシュはクシュなりにあったのだが、そんな思いを私に持たせぬほど、なべやかんになり切っていった。

市川海老蔵さんのような才能豊かな麒麟児（きりんじ）でも、間違えば批難される世の中です（海老蔵さんの気付きようは、流石にクシュの本流だけありまして、必ずや歴代團十

郎を凌ぐ最高峰に登りつく事でしょう)。

たまたま時の運で世に出ただけのなべおさみが、粛清(パージ)を受けるなんて当然です。そこからどう立ち直れるかが、本物への道なのだろうと思っています。

お気付きでしょうが、この本にチラリとでも名前の上がった方は、私が人生の中で本物だと思わされた人達です。書いたのはその中のほんの一握りの方々なのですが、どの人を語っても一冊の本が書き上げられましょう。

本物は、「潔い」と思っています。

その伝(でん)でいきますと、明大事件については、もう、すべて、

「……おしまい……」

でございます。はい。お、し、ま、い。

あとがき

私は役者にならなかったとしても、恐らく月給取りにはならなかったと思います。私の体の内に流れる血には、それを良しとするものが無いと思うのです。ですから、「なれなかった」が正しいでしょう。私のような血の流れの人間を集めて、例えば農業をやらしたとしても、とても務まるものではありません。それは「クシュ」と名指された人間の特性を無視した、押し付けでしかありません。「クシュ」は、押し付けに逆らう性質の人間ばかりです。

ところが、そうした人間でも、「オヤジ」を信奉する生き方の中で、人間的に成長し、その人間が「オヤジ」として慕われ、多くの「クシュ」を束ねる役目を担うようになるのです。そうした人間の「クシュ」から、ヤーの付く「ヤークシュ」として一家をなす人間を、私も五十年以上をかけ見つめてきました。

元元、真っ当でない人間として生きているのですから、失敗もあります。その時はその時で、充分お叱りを受けて罰を与えられるわけです。

世間からは、私の言う①男を売る、②芸を売る、③媚や色香を売る、そういう世界の人間達は軽視されております。それでも「クシュ」の者達は、ひとかどの者になろうと生きながら、心の一角に「米の一粒もつくらずに生きてて、本当にすまないなぁ。申し訳ない事だ」といった思いは持っているのです。私は、そう思った時こそ、「クシュ」が「ヤークシュ」になれた時だと信じています。

太古の昔から、分を弁えて生きなければいけないと教えられてきたのですから、今更ながら、それを肝に銘じておかなければなりません。

津村和磨さんは、誰もが認める大親分になってからも、自転車に乗って走り回っていたお方です。同様に全国一の組員の上に立つ、あるお方は、毎年暮れになると、正月を迎えられないでいる家庭にお餅を配っています。勿論、全て匿名での行為です。

東日本大震災に際して支援物資をいの一番に供給したのも、この組織です。組織の本部の敷地内には井戸があり、阪神・淡路大震災で断水した時にはフル稼動して近隣の人々に給水し、炊出しや必需品の配布に大活躍したのです。地元はこれを忘れてはおりません。

そして、この組織はたとえ痛めつけられても、「ああいう、こういう善い事をした」等という発言をした事がありません。この淡淡とした男らしさに、心をとどめないわけには参りません。

天台宗の最澄は、「一隅を照らす」と申されました。一隅を照らす行為は、一つひとつあげれば大変な数です。しかし、これこそが「天知る、地知る、我知る、子知る」なのではないでしょうか。

これは稲川会総裁から直に聞いた話です。当時稲川会は一年の締め括りを祝って、毎年暮れになると、一家一門の主だった人間を招いて、赤坂や六本木で忘年会を行っていました。その時期になると、稲川聖城総裁自らが警視庁へ出向き、警視総監に面談し了承を頂いていたそうです。

「すると総監から、店の前にズラリと車が並んで待っていたりする事がないように、迷惑が掛からぬよう配慮して下さいとか注意があるんだ」

それで終わっていたそうです。

「お上には決して逆らわない。ここは東京で、天皇陛下のお膝元ですからね」

この話を聞きながら、一度でいいから、日本中の極道や右翼の人達を集めて、天皇陛下に謁見させ、お言葉を頂戴して帰させたら、日本ももう少しギクシャクしなくなるんじゃないかなぁと、思ったものでした。どうか世間の皆様も、暴力団などと決め付けないで、良い極道か只の与太者なのか、地元の人間を今一度しっかり見つめて下さいませ。

私もまだまだ「クシャ」でしかありませんが、もうひと努力しつつ、「ヤー」の付く方々のような本物の「役者」に成長出来るべく奮闘してみます。ありがとうございました。

本書は二〇一四年にイースト・プレスより刊行された『やくざと芸能と
――私の愛した日本人』を改題し、一部改筆の上、文庫化したものです。

なべ おさみ―1939年、東京都生まれ。本名は渡辺修三。1958年、明治大学演劇科入学後、ラジオ台本などの執筆活動に入る。その後、水原弘とともに渡辺プロダクションに入り、水原や勝新太郎、ハナ肇の付人となる。62年明治大学卒。64年、『シャボン玉ホリデー』(日本テレビ系)でデビュー。「安田ぁー!」の決めゼリフのコントで人気を博した。68年、山田洋次監督の『吹けば飛ぶよな男だが』で映画主演も果たす。74年に渡辺プロを退社し、森繁久彌の付人になる。78年から『ルックルックこんにちは』(日本テレビ系)内の人気コーナー「ドキュメント女ののど自慢」の司会も務めた。91年、明大裏口入学事件により、芸能活動を自粛。現在は、舞台や講演を中心に活動中。

講談社+α文庫 やくざと芸能界(げいのうかい)

なべ おさみ

2015年12月17日第1刷発行

発行者――――鈴木 哲
発行所――――株式会社 講談社
東京都文京区音羽2-12-21 〒112-8001
電話 編集(03)5395-3522
販売(03)5395-4415
業務(03)5395-3615
デザイン――――鈴木成一デザイン室
カバー印刷――――凸版印刷株式会社
印刷――――慶昌堂印刷株式会社
製本――――株式会社国宝社

落丁本・乱丁本は購入書店名を明記のうえ、小社業務あてにお送りください。
送料は小社負担にてお取り替えします。
なお、この本の内容についてのお問い合わせは
第一事業局企画部「+α文庫」あてにお願いいたします。
Printed in Japan ISBN978-4-06-281620-5
定価はカバーに表示してあります。

講談社+α文庫 Ⓖビジネス・ノンフィクション

黄金の扉を開ける 賢者の海外投資術	橘 玲	個人のリスクを国家から切り離し、億万長者に。世界はなんでもありのワンダーランド！	838円	G 98-5
日本人というリスク	橘 玲	3・11は日本人のルールを根本から変えた！リスクを分散し、豊かな人生を手にする方法	686円	G 98-6
孫正義 起業のカリスマ	大下英治	学生ベンチャーからIT企業の雄(ゆう)へ。リスクを恐れない「破天荒(はてんこう)なヤツ」ほど成功する!!	933円	G 100-2
だれも書かなかった「部落」	寺園敦史	タブーにメス!! 京都市をめぐる同和利権の〝闇と病(や)み〟を情報公開で追う深層レポート	743円	G 114-1
絶頂の一族 プリンス・安倍晋三と六人の「ファミリー」	松田賢弥	「昭和の妖怪」の幻影を追う岸・安倍一族の謎に迫る！ 安倍晋三はかくして生まれた！	740円	G 119-3
鈴木敏文 商売の原点	緒方知行 編	創業から三十余年、一五〇〇回に及ぶ会議で語り続けた「商売の奥義」を明らかにする！	590円	G 123-1
*図解「人脈力」の作り方 資金ゼロから大金持ちになる！	内田雅章	人脈力があれば六本木ヒルズも夢じゃない！社長五〇〇人と「即アポ」とれる秘密に迫る!!	780円	G 126-1
私の仕事術	松本 大	お金よりも大切なことはやりたい仕事と信用だ。アナタの可能性を高める「ビジネス新常識」	648円	G 131-1
情と理 上 カミソリ後藤田回顧録	後藤田正晴 御厨 貴 監修	〝政界のご意見番〟が自ら明かした激動の戦後秘史！ 上巻は軍隊時代から田中派参加まで	950円	G 137-1
情と理 下 カミソリ後藤田回顧録	後藤田正晴 御厨 貴 監修	〝政界のご意見番〟が自ら明かした激動の戦後秘史！ 下巻は田中派の栄枯盛衰とその後	950円	G 137-2

＊印は書き下ろし・オリジナル作品

表示価格はすべて本体価格(税別)です。本体価格は変更することがあります

第24回
電撃小説大賞
金賞
受賞
いつだって、この出会いは必然だった――。
「ねえ、由くん。わたしはあなたが――」
初めて聞いたその声に足を止める。
なぜだか僕のことを知っている
不思議な少女・椎名由希は、
いつもそんな風に声をかけてきた。
Hello, Hello and Hello
葉月 文
イラスト／ぶーた
笑って、泣いて、怒って、手を繋いで。
僕たちは何度も、消えていく思い出を、
どこにも存在しない約束を重ねていく。
だから、僕は何も知らなかったんだ。
由希が浮かべた笑顔の価値も、
零した涙の意味も。
たくさんの「初めまして」に込められた、
たった一つの想いすら。
電撃文庫

電撃文庫DIGEST　4月の新刊

発売日2018年4月10日

魔法科高校の劣等生㉕ **エスケープ編〈下〉** 【著】佐島 勤　【イラスト】石田可奈	十三使徒の戦略級魔法に襲われた達也と深雪。そして、守るべきものと、自らの望みのためパラサイトという禁断の力を求める光宣。同じ頃、スターズではリーナ暗殺を目的とした叛乱が――!?
青春ブタ野郎はおでかけシスターの夢を見ない 【著】鴨志田 一　【イラスト】溝口ケージ	受験シーズンに突入した3学期、花楓は咲太にある決意を告げる。「お兄ちゃんが通ってる高校に行きたい」。無謀とも思える花楓の挑戦に、咲太と麻衣は優しく背中を押してあげるのだが――?
ストライク・ザ・ブラッド APPEND2 **彩昂祭の昼と夜** 【著】三雲岳斗　【イラスト】マニャ子	学園祭直前の彩海学園で、お化け屋敷用幻術サーバーが暴走。立て続けに起きる異変に巻きこまれた古城たちの運命は!?　そして真犯人の意外な目的とは!?
ブギーポップ・ビューティフル **パニックキュート帝王学** 【著】上遠野浩平　【イラスト】緒方剛志	"美しくない"と判定したものを狩るパニックキュート。それが死神に興味を持った時、末真和子に難儀な事態が降りかかる……自動的にあちこちへと動かされる彼女が見つける"生き方"とは――。
ヘヴィーオブジェクト **最も賢明な思考放棄　#予測不能の結末** 【著】鎌池和馬　【イラスト】凪良	突如起動した全長二万メートル、規格外のオブジェクト・マンハッタン。四大勢力の大戦争における最強機体への切り札は、おほほで知られる『情報同盟』のアイドルエリートで?
滅びの季節に《花》と《獣》は〈下〉 【著】新 八角　【イラスト】フライ	《天子》の襲来からスラガヤを護り抜こうとしたクロアと《貪食の君》。そして待ち受けるのは二人を引き裂く過酷な運命と、三百年の月日を超えて甦った一つの奇蹟。異形なる恋物語、その結末は――。
数字で救う!　弱小国家2 **電卓で友だちを作る方法を求めよ。ただし最強の騎兵隊が迫っているものとする。** 【著】長田信織　【イラスト】紅緒	異世界の数学ヲタク・ナオキの活躍で侵略戦争を耐えしのいだ王女ソアラ率いるファヴェール王国。財政破綻回避のため、ナオキとソアラは、他国に遠征している自軍の縮小・撤収を考えるが……?
昔勇者で今は骨2 **双竜の転生者** 【著】佐伯庸介　【イラスト】白狼	王都に到着したアルたちは国王と謁見することに。元勇者だと気づかれぬよう粉骨砕身するアルだったが(※骨だけに)、やはり世界は彼を放っておかず――!?
新作 **乃木坂明日夏の秘密** 【著】五十嵐雄策　【イラスト】しゃあ	あの「春香の娘」が目指すのは立派なアキバ系!?　"偽りのアキバ系"なヒロインと"ライト層"な俺の奇妙な関係が繰り広げる次世代シークレット・ラブコメ!!
新作 **スターオーシャン:アナムネシス -The Beacon of Hope-** 【著】和ヶ原聡司【イラスト】エナミカツミ 【原作・監修】スクウェア・エニックス	宇宙暦539年。銀河連邦探査戦闘艦GFSS-3214Fは、不思議な力に導かれ、未知の惑星に不時着する。艦に一人残った艦長は、そこで謎の召喚術を駆使する女性イヴリーシュと出会うこととなり……。
新作 **ぼくたちの青春は覇権を取れない。** **―昇陽高校アニメーション研究部・活動録―** 【著】有象利路　【イラスト】うまくち醤油	「俺達人間はどう頑張っても、一日でアニメを57本しか観ることができない。これをどう思う?　坂井!」「観過ぎです」「あ"ぁ"!?」。こんなバカな話をしてるぼくらだけど、譲れないものがあるんだ。

電撃文庫創刊に際して

文庫は、我が国にとどまらず、世界の書籍の流れのなかで〝小さな巨人〟としての地位を築いてきた。古今東西の名著を、廉価で手に入りやすい形で提供してきたからこそ、人は文庫を自分の師として、また青春の想い出として、語りついできたのである。

その源を、文化的にはドイツのレクラム文庫に求めるにせよ、規模の上でイギリスのペンギンブックスに求めるにせよ、いま文庫は知識人の層の多様化に従って、ますますその意義を大きくしていると言ってよい。

文庫出版の意味するものは、激動の現代のみならず将来にわたって、大きくなることはあっても、小さくなることはないだろう。

「電撃文庫」は、そのように多様化した対象に応え、歴史に耐えうる作品を収録するのはもちろん、新しい世紀を迎えるにあたって、既成の枠をこえる新鮮で強烈なアイ・オープナーたりたい。

その特異さ故に、この存在は、かつて文庫がはじめて出版世界に登場したときと、同じ戸惑いを読書人に与えるかもしれない。

しかし、〈Changing Times,Changing Publishing〉時代は変わって、出版も変わる。時を重ねるなかで、精神の糧として、心の一隅を占めるものとして、次なる文化の担い手の若者たちに確かな評価を得られると信じて、ここに「電撃文庫」を出版する。

1993年6月10日
角川歴彦

電撃文庫

ヘヴィーオブジェクト
最も賢明な思考放棄　#予測不能の結末

鎌池和馬

2018年4月10日　初版発行

発行者　郡司 聡
発行　株式会社KADOKAWA
〒102-8177　東京都千代田区富士見2-13-3
0570-06-4008（ナビダイヤル）
装丁者　荻窪裕司（META＋MANIERA）
印刷　株式会社暁印刷
製本　株式会社ビルディング・ブックセンター

カスタマーサポート（アスキー・メディアワークス ブランド）
［電話］0570-06-4008（土日祝日を除く11時～13時、14時～17時）
［WEB］https://www.kadokawa.co.jp/（「お問い合わせ」へお進みください）
※製造不良品につきましては上記窓口にて承ります。
※記述・収録内容を超えるご質問にはお答えできない場合があります。
※サポートは日本国内に限らせていただきます。
※定価はカバーに表示してあります。

ISBN978-4-04-893787-0　C0193　Printed in Japan

電撃文庫　http://dengekibunko.jp/

「……、」

「ううん。元来、ネットワークにコアっていう考え方はないはず。ぜんぶへいれつでつないで、せかいのどこが炎に包まれてもシステムをいじできるようにした方が『つよく』なるもの。何か別のねらいがあるのかしら。たとえば、ＡＩ社会がぼうそうしたときにここをおとせば全システムをころせる、そんなブレーカー役というか。あるいはネットワークに分かりやすい形を与えて安心したがっていたのかしら。ほら、『信心組織』っぽく言わせてもらえば、しんわのめがみさまがびじんにえがかれるようなかんじ？」

そこまで言って、ツインテールの少女は細い顎に人差し指を当て、小首を傾げる。

生粋の殺人鬼という前提を忘れてしまえば、まるで妖精か何かのようだ。

「ところでさ、あっちこっちで死んだ死んだってことばをきいていたんだけど、あれって何だったの？　こうでんサギ？」

「レイスが一芝居打ってくれたんだ」

少年は肩をすくめて、

「あの時、『情報同盟』の整備艦隊には小型の潜水艇を使って下から潜り込んでいったんだ。それにタラチュアを中心とした向こうの兵隊は、『正統王国』の軍属しか捜索対象に定めていなかった。カタリナ＝マティーニ。あの老婆はフリーだった。見逃されていたんだよ」

「ふうん。じゃああなたのあたまなりむねなりに1ぱつぶち込むそぶりを見せて、うみにおと

して、それを別のだれかがひろってせんすいていでにげたってかんじ？」

「大体そんな感じ。レイスが一発撃ったふりして海にドボン、真下から近づいた潜水艇の影は、サメか何かと間違われたかもな。サメ関連で言えば、あの手の潜水艇は連携取って救助活動するため、サメ対策の血糊を抱えているようだし。ともあれ、誰が標的にされるにせよ、タラチュアの悪趣味は予測されていた訳だな」

芝居を打ってくれたのも、海の中で回収してくれたのも少年ではない。なので、彼からすれば自慢できる事は特にない。

あれだけ『神童計画』の責任者を毛嫌いしていたレイスが最後の最後でカタリナに状況を預けたのは、どんな心境だったのだろうか。ピラニリエと戦う過程で、実の母の他に義理の母とのしこりも取れたと、そういう事なら救いがありそうだが……。

何にしても、その後はずっと針のむしろだったはずだ。今まで背中を預けて共に歩いてきた者達からどんな罵詈雑言をぶつけられたところで、彼女には保身のために仲間を撃った、戦争の外にある殺人犯という汚名を拭う機会は与えられなかった。

少女が自分で選んだ道とはいえ、レイスには頭が上がらない。あの決断がなければ、少年は本当にあそこで命を失っていたはずだったのだから。

「レイスが俺を逃がしてくれたのは、四大勢力の外から事態を見つめて問題解決に専念しろって事だと判断した。だから、『正統王国』に生存報告はしなかった。結果がこれだ。枠組みの

中にいたら、この島に辿り着いていたのはお前一人だったかもな」

「そだね」

世界のどこのプライベートビーチよりも世俗の慌ただしい時間から隔絶された夕暮れの島で、細い腰に両手を当てて、スクルドは屈託のない笑みを浮かべていた。

「でも、そこのれいぞうこがそんなにだいじ？　ていうか、それがあると何ができるの？」

気のない声を発するスクルド＝サイレントサードを見れば、彼女が二つの選択肢の内、どちらに重きを置いているかはもう分かりそうなものだ。

少年は注意深く殺人鬼の挙措を観察しながら、

「ブレーカーを落とせば、ティルフィングの狙い通りだ。『情報同盟』の壊滅から端を発して、四大勢力を全部巻き込む大戦争が始まる」

「だから？」

むしろ、キョトンとした顔だった。

「世の中がへいわだろうがざんぎゃくだろうが、わたしはころすわよ？　そして、ころす人のかずは多ければ多いだけ困らない。わたしがどういうにんげんかは知っているわよね、センパイ。かつて、わたしを止めることができたあなたなら、そこまでわたしにふみ込んだあなたなら、ようく分かっているはず」

「……、」

「わたしは、せんそうのこんらんにまぎれてのぞむにんげんをころす。それなら、せかいじゅうでせんそうがおきても困らない。むしろ、かくれみののかずはたくさんあった方がありがたいわ。そうなったら、あびるように死をたのしめるわけだしね」

実際、そうするためにスクルドはわざわざこんな場所までやってきたのではないか。

この殺人鬼が、殺しに関わらない行動を率先して取るとは思えない。

これから起きる未来の戦争を止めたいという考え方は、平和な国の人間なら当たり前のように感じるだろう。しかしすでに今、肩までどっぷり戦争に浸かっている人間には両者の区別などつかないのだ。毎日が、戦争。当たり前に、殺す。自由に戦場を渡って己の欲望を満たせる本当にイカれた人間にとって、戦争はわざわざ止めるほどの価値がある行為ですらない。

「今の世の中なんておかしいよ」

ある意味、無垢な視点で殺人鬼はそう語った。

常人には決して持ち得る事のできない、爛々とした光がその双眸に宿っていた。

「4だいせいりょくがはなし合ってつづける『クリーンなせんそう』なんて、いびつじゃない。これまでさんざんせんそうをながめてきたあなたにも、分かるでしょう？　わたしを止めたって、ひげきはなくならないわよ。ひょっとしたら、このままつづけた方がぎせいしゃのかずは多くなるかもしれない。それでも、つづける？　だれのいのちも守ってくれない、クリーンであることを死守するだけの『クリーンなせんそう』なんて、しんじるだけのかちはあるかし

ら？　そもそも『情報同盟』のシステムを、『正統王国』や『信心組織』のわたしたちが」

　手の届く範囲に、世界のブレーカーはあった。

　この結末は、マンハッタン一機に留まらない。これからどうなるかなど、誰にも分からない。だが少なくとも確実に『今とは違う何か』に時代が切り替わっていく、どんな形になるにせよもう二度と元には戻らない、そんな破滅的な力を持つ一回限りのブレーカー。

「ねえ。やっちゃおうよ？」

　誰もが解放を許された夕暮れの南の島で。

　学校の火災報知器の前で囁くような、小悪魔の言葉があった。

　怠惰で、退廃で、身勝手で、刹那的で、甘美な変化へと誘う、どうしようもない少女の声。

「せかいはおわる。わたしたちならおわらせられる。もくてきなんてどうでも良いのよ。わたしはころすためにおわらせるし、あなたはすくうためにおわらせる。それで良いじゃない？　とにかくいきぐるしいの、今のままじゃつまんないの。ドはでにバーンとやっちゃってさ、あとは成り行きに身を任せてみようよ」

　一理はあるから、狂人の言葉は恐ろしい。

『クリーンな戦争』をこのまま続けても実感の湧かない犠牲が増えるだけで、世の中は何にも平和にならないのは誰の目にも明らかなのだ。強引にでもそれを終わらせるには、確かに大きなカンフル剤が必要になる。たとえ一時的には大きな犠牲を伴ったとしても。

しかし。

その上で。

クウェンサー＝バーボタージュは無線機に指を掛ける。

プラスチック爆弾『ハンドアックス』に刺した電気信管へ合図を送る、死の引き金に。


「へぇ」

夕暮れの小島で、スクルド＝サイレントサードの表情に不快の感情はなかった。

むしろ相手の反応を楽しむようにして、含んだ笑みを浮かべていた。

「一応きいても良いかしら？　どういうりゆうでたたかうの？」

「語るまでもない」

粘土状の爆弾を弄ぶ少年は吐き捨てるように言った。

「今回ばかりはレイス＝マティーニ＝ベルモットスプレーに全面的な借りがある。あの辛く苦しい決断がなければ俺はあっさり死んでいたんだ。たとえ世界がどうなろうが、無言で救えと命じたあいつの意志だけは無視できない。だから、俺の目的地はマンハッタンじゃなくてこの島だった。仲間が次々すり潰されていくところへ駆けつけても、死体が一つ増えるだけだったしな。色々調べてこの島の存在を知った時から、お前は絶対ここまで来ると思っていた。理屈

じゃない、お前は最低の底の底まで突き進んでくるに決まってる」

「かっこういい」

率直にツインテールの少女はそう言っていた。

気がつけば、手品のようにその手が何かを握り込んでいた。

クウェンサー＝バーボタージュと全く同じ、プラスチック爆弾の『ハンドアックス』。

それも、『先輩』に対する憧れなのか。

殺人鬼のアップデートが止まらない。放っておいたら一体どこまで邪悪が膨らむ事か。

「でも分かってる？　ここはだれも知らないむじんとうで、いつものようになかまたちが助けに来てくれるかのうせいはゼロ。対オブジェクトのきょくたんなせんとうならともかく、1対1のにんげんどうしならあなたがわたしにかてるとはおもえないわ」

「お前こそマダガスカルレポートの件を忘れたのか？　あの時、最後の最後で悪夢にケリをつけたのは誰だと思っている」

にひっ、という笑みがあった。

これまでとは違う。もはやスクルドは殺意を隠そうともしない。しかしそれは悪意や敵意とも違う。言ってみれば、狩りだ。美味しいご馳走を求めて山を歩き、足跡を辿り、些細なミスの一つでこちらを食い殺しかねない巨獣を見つけ出した、そんな狩人の歓喜に包まれていた。

「ああ、ああ。やっぱりあなたが良いわ……。クウェンサー＝バーボタージュがせかいで1ば

ん。女の子のようにかわいらしく、男の子のようにわがままで。そんなあなたなら、ほねのずいまでたのしめる」

クウェンサーは己の認識を改めた。

結局、スクルド＝サイレントサードにはそれしかなかったのかもしれない。

『情報同盟』の心臓部も、世界の運命も、浴びるような死も、二の次。ついでのついで。生粋のシリアルキラーが第一に求めていたのは、一度は食いそびれた肉の味にもう一回挑戦してみたかった。ただそれだけ。だから、彼が確実に立ち寄る場所を覗いてみた。そんな目的があれば、彼女は世界人類七〇億を地獄の底へ叩き込む事すら躊躇しない本物の狂人だった。

同時に、クウェンサー＝バーボタージュとしても、絶対に決着をつけなくてはならない人間だった。レイスとの無言の約束もある。こいつを倒さなければ、自分の道は進めない。そんな相手だったのだ。

椰子の木の根元。壊れた冷蔵庫の形で放り出された世界全体のブレーカーなど気にも留めず、宿敵同士、ただただ互いの挙措を冷静に観察する。

爆弾と爆弾。

お互いに全く同じ凶器を突き付け、睨み合うようにして。

「行くわよ」

「いつでもどうぞ」

そして。

誰も知らない南の島で、世界の運命を決定づける『選択』が実行された。

終章

結論から言えば、決着そのものはシンプルだった。

夕暮れの色に染まる南の島で、弱々しい声が洩れていた。

「ははっ、そうよねえ……」

「……、」

「わたしが来るまえから、そうか、あっちこっちにしかけていたのか、バクダン……。あっはは。これじゃあまるで、マダガスカルレポートのときといっしょじゃない……」

殺人鬼の頭の中で一体どんな処理がされているのか。まるで恋人が付き合い始めた記念日を覚えていてくれたような、そんな声色だった。

開始早々、スクルドの足元に埋めておいた爆弾を吹っ飛ばした。

「やっぱり、かてないかあ。少なくとも、バクダンじゃ」

クウェンサーは超能力者ではない。だから予知は早々に諦め、手品師の手法に頼った。手の中の武器はブラフ。小さな島のあらゆる場所へ事前に爆弾を設置しておく。スクルドがどこに

自分の立ち位置を決めようが、必ずどれかの効果圏内に引っかかる布陣で。

五二枚のトランプを大人気なく全部部屋中に仕込み、相手がランダムに引いた一枚と同じものを『実は最初からこの部屋に隠しておいたんです』と見せびらかす手品と一緒だ。選んだのが五二枚のどれであったとしても、『実は最初から』が通じてしまう。

一番陳腐で、だが一番確実。

実戦にアクロバット飛行はいらない。これくらいでちょうど良い。

一秒でも長引かせればスクルドは己の不利を認識し、使い始めたばかりの爆弾など容易く捨てる。あいつは爆弾だけのクウェンサーとは違う。そうなったらこちらはあっさり殺され、世界だって終わっていたのは自明の理だったのだから。

まあ、ティルフィングを仕留めた時よりは簡単だった。

向こうの場合は決まった島の中ではなく、コンビニ袋で浮力を与えた爆弾をとにかく流せるだけ海に流して、あの老人から一番近い場所まで忍び寄ったものを起爆しただけだったのだから。小さな鉄球などを仕込めば殺傷範囲は一〇メートルを超すから標的が艦船のサイドデッキにいても余裕で殺せるはずだったが、それにしたって物量で運要素をカバーするようなゴリ押しであった。

爆破の衝撃で両足の骨を砕かれたスクルドは、いくら何でも脳内物質の過剰分泌だけでしのげる状況ではないだろう。その小顔に美しい汗の珠が浮かび、意識の明滅を示すように眼球の

ないだろう。

動きも緩慢になってきた。おそらくもう、殺人鬼を見下ろすクウェンサーの像を結び切れてい

それでも明けの明星、堕天使の長でも掴もうとするように、倒れたままスクルドは震える手を伸ばしていた。多くの血で染め上がり、そこまでやってもある種の無垢が穢される事のなかった、狂人の柔らかい掌が。

「ねえ、クウェンサー……」

「何だ」

「……わたしは、あなたが、ほしい……」

そこまでだった。

痛みの感覚が限界を迎えたのか、スクルド＝サイレントサードの幼げな手が落ちる。そのまま彼女は意識を失ったようだった。これで、マンハッタンを振り切ってでも南の島で待ち構えた意味があったというものだ。

途端に、クウェンサーの携帯端末から安っぽいファンファーレが鳴り響いた。

呆れたように画面へ目をやるが、夕焼けのせいで表示が見づらい。それでも女性らしき合成音声が後を追ってくるのは分かった。

『おめでとうございます』

「アナスタシアプロセッサか……。うちの軍のファイアウォールもお構いなしに良くやるよ」

『これくらいしか誇れるものがないので』

「ＡＩのお前に胸を張る機能があるだけでも驚きだ。ちなみに、バミューダトライアングルの伝説なら俺はいらないぞ。勝手に存在を消されても困る」

『しかしそれではこちらが困るのだけれど』

「俺には野望がある。『正統王国』で一番有名なオブジェクト設計士になって王侯貴族相手に平民風情が真正面から下剋上かます事だ。ついでに大金持ちになって多くの美女に囲まれてウハウハの生活を送れりゃ文句はない。そのために、お前達の特権は邪魔でしかないんだよ」

『「情報同盟」に移籍さえしていただければ、今すぐにでも設計士としての電子ライセンスを発行してあげるけれど。ついでにサービスでネット銀行の預金残高を増やして、ＳＮＳの注目度も盛っておきましょう。「情報同盟」では条件さえ整えれば放っておいても自動的に多くの美女が集まる仕組みがあるので、結果ウハウハになるのでは？』

……結構本気でグラつきかけたのはもちろん内緒である。

ゆっくりと深呼吸して、クウェンサーは自分を保った。

この人工知能が女性形である事には、何か意味があるのだろうか。一般的に男性よりも女性の方が精神的に早熟とも聞くが……まあ、『学生』も言うほど人間を熟知している訳でもない。ソースが与太話の域を出ないのでは答えなど見つからないか。

「それにしても、あれだ、アナスタシアプロセッサっていうのはさ……」

『「正統王国」の王侯貴族については外からボッコボコにしましょう。最新鋭の第二世代を管理する三個師団までなら即決でお貸しするわ。三〇機態勢なら大抵の戦争に勝利できるはずよ。さあ、共に手を取り合ってウィンナーのCMみたいにヤツらの鼻をへし折ってやる時間がやってきたわ。せめてもの手向けに、とびきり良い音を立ててあげましょう？』

「もう良いんだその話は!!　俺の熱いハートから弱い部分が出ちゃうからやめてッ!!」

　これまで一体何人がこの島を『発見』したのかは知らないが、その後の動向が気になるばかりだ。こいつは人をダメにするＡＩだ、いったん誘惑に負けたらどこまで魂を引きずられるか分かったものではない。

『ギブアンドテイク、等価交換は計算の基本よ。あなたが何かを求めなければ、口を封じるというタスクを完結できないのだけれど。作業に対する信用が低下するわ』

「寂しい人生の極みだな。しかし、まあ、何だ。じゃあ物はいらないから、代わりに情報をくれ。『情報同盟』ならそういうの得意だろ、情報をお金に換算するヤツ」

『了解したわ。これより全世界のエロ動画、セフレサイトやアダルトチャットのマスターキー、若い女性のプライベート空間にある防犯カメラやスマホ等の監視記録は全てあなたのものよ。もちろん使い方次第だけれど、一〇〇年検索して「見守り」を続けても足りないわね』

「全力で横に逸らすんじゃねえよ!!　思春期男子を何だと思ってやがる!?」

『なんと。年若い男子が超高度情報化社会に対しエロス以外の何を求めるというのかしら？』

『……それは「情報同盟」の最上部階層に位置する人間が一〇〇年間渇望を続けるものね。女性器の色や音や味や匂いや手触りも含めて』

「今はそこ含めなくても良い。……えっ、でもちょっと待って味や匂いも再現してんの⁉」

『大型劇場などで催される複数感覚器官連動体感型VR映画の応用に過ぎないけれど。ジュリエットとキャピュレットの関係性と同様に、ロミオから拡張される統合データベース・モンタギューの活用法はアイデア次第でどこまでも広がるのよ』

こいつは『情報同盟』全体に浸透している人工知能だ。ひょっとしたら群衆の検索順位などで統計を取って妙な学習でもしてしまったのかもしれない。インターネットの検索ワードだけが人間の本質だと思われてはたまったものではないのだが。

「真実」

『求めるのは真実、ね。では手始めに、あなたの対人関係から割り出した相関図の人物リストを参考に、諸々の報告をさせていただくわ。レイス＝マティーニ＝ベルモットスプレー、メリー＝マティーニ＝エクストラドライは問題なし。レンディ＝ファロリートは深手を負っているものの、「正統王国」の軍医のレポートにより生存を確認。機密レベルが一段高いアイドルエリートについては影響の大きさを考えてその罪が公にされる事はないわ。これまで通り、第二世代の操縦士エリートと国際的トップアイドルの二足のわらじで活動していくでしょう。私がそうする。あの聖者尊翁の一角を焦らせる、という功績を挙げてくれたものね』

「何で『情報同盟』ベースの相関図なんだ？　……そもそもマンハッタンそのものは？」

『元のニューヨークへ帰るわよ。多少の混乱はあるでしょうけど、ネット上で情報操作を施すのは私が恒常的に繰り返す汎用一般作業タスクの一つに過ぎないもの。約一九億のSNSアカウントやメールアドレスを持つ私を甘く見ないでいただきたい。経験から言わせてもらえば、人の間を流れる不確定情報を抹消するのに七五日も必要ないのだけれど。全ては何事もなく元通りよ』

　あれだけ大々的にやっておいて馬鹿馬鹿しい話かもしれないが、そもそもニューヨークの住人以外に、一般の誰が本件を『直接』目撃した？　軍関係が揃って口を閉じてしまえば、後は集団ヒステリーで片付けてしまえるのだ。

　夕焼けの島でクウェンサーは息を吐いて、そして頭の中で質問内容を考えた。

「結局お前は何なんだ？」

『あなたが考えるほど優れた人工知能ではないわ。「たかだか一般社会の管理制御如き、量産品の機械に任せられる時代になった。故に、特権気取りの人間が頂点に立つ他の三つの勢力はその時点ですでにナンセンスな旧時代の遺物なのだ」……という敵対広報を効果的に内外の民衆へ植え付けるための広告塔とでも考えてもらえれば』

「広告塔？　でも、ＡＩネットワーク・キャピュレットの存在は最重要機密なんじゃあ……」

『国連の崩壊前に存在した世界最大のスパイ機関、ペンタゴンと一緒なのだけれど。隠してい

るようで、隠れていないのが最大のスパイスなのよ。人は、自らの手で検索を駆使して分かる程度の秘密に吸い寄せられるものなのだから。本当の本当に調べても分からないもの、では喰らいついてもらえず、こちらからコントロールの糸口を摑めないもの。基本的に、イマドキの方々はガッツが足りないので』

　まるで何かの茶目っ気を見せるように、アナスタシアプロセッサは自らの秘密を言い放ったものだった。

『世代交代に合わせてアナスタシアという人体ベースのＤＮＡコンピュータへ移行したのも、イメージ強化策の一環よ。シリコンの塊なんぞにと思う輩でも、同じ人間の細胞を使っていると言われると奇妙な説得力を得てしまうようね。こちらについては血液型占いと似たり寄ったりで、科学的な根拠は特にないはずなのだけれど。人の一部が関わっている以上、そこには特別な意味が宿る。存外、このデジタル社会の住人であっても手製の人形に毛髪や血液を詰め込んで八つ当たりしていた頃の前時代的原始宗教観を払拭できていないのかもしれないわね』

「……機械相手に哲学するつもりはないよ。要点だけまとめよう。結局は、人の考える事を補佐するシステムに過ぎないのか」

『群衆はこちらの事を何も知らないが、こちらは群衆の事を全て理解している。「情報同盟」にとって一番の特権は、何者からも攻撃されない隣人となるの。私、キャピュレットという分かりやすいＡＩネットワークは、「真なる代表」を覆うための隠れみの。検索者にここが秘密の

底だと思い込ませ、この深度でストップをかける意味での、ファイアウォールに過ぎないわ』

「だとすると、お前に聞いても仕方がないかもしれないな」

『何を？』

「そもそもどうしてマンハッタンを動かした？　ありゃどう見たって唐突で不自然だったろ。あれさえなければ、何もここまで問題が悪化する事もなかったんじゃないか。最初の電磁投擲動力炉砲がなければ、打撃を受けた『正統王国』がタラチュア達に捕まってレイスがあんな演技をする必要だって……」

『しかしそうしなければ、水面下で進められていた「資本企業」……いいえ、「信心組織」のラグナロクスクリプト作戦を潰す事はできなかったもの。ピラニリエの暴走事例を見ればお分かりの通り、たとえ実体のない虚像とはいえ、それはマティーニシリーズ全体に共通する、つまりレイスという個体にも関わる具体的な脅威なのだけれど。全ては必要なタスクだったのよ』

　常に淡々としていたくせに、ここだけは、まるで言い訳でもするような口振りだった。変な正当化でプラスの補整がかかっている。なおかつ、この人工知能はわざわざ多くのマティーニの中からレイスへ執着した。

　クウェンサーは眉をひそめ、そして思い切って尋ねてみる。

「お前は、その……アナスタシア……つまりレイスの、あの子の母親って事で良いのか？」

『回答が難しいところではあるけれど、今の私はアナスタシア＝ウェブスターのがん細胞を素

材にしているものの、アナスタシア＝ウェブスターそのものではないわね。脳細胞やシナプス構造を再現しているならともかく、ただの体細胞の寄せ集めに記憶や人格が宿るとは思えないのだし。それでは犯罪者の血を浴びた人形が全く同じ犯行を繰り返す、という「資本企業」のB級ハリウッドホラーと同レベルにまで論理性が低下してしまうもの』

聞き慣れないファミリーネームがあった。

もしかしたら、それはレイスが書き換えられてマティーニシリーズに名を連ねる前の、彼女がずっとずっと胸に秘めていた本当の名前の、失われた一部分だったのだろうか。

『しかし一方で、私に母の面影を見てくれる現状のレイス＝マティーニ＝ベルモットスプレーに対して他のマティーニと比べて何ら個体差を感じられないかと言われれば、否定せざるを得ないわね。細胞提供していただいたアナスタシア当人の最期の願いであった、「どうか娘が無事に成長するまで、先立つ私に代わって見守る存在が欲しい」という非公開重要タスクとも合致するのだし。……以上の理由により、レイスに対する優先度は「情報同盟」の一般民衆はもちろん他のマティーニと比べても高く設定されているわ。ひょっとすると、それが生体における好感と呼ばれる情動の働きなのかもしれないわね』

「そうか……」

『ぶっちゃけ、今回の針のむしろ状態は見ていて許容の限界を超えていたのだけれど。レイスを含むマティーニシリーズ全体の脅威となるラグナロクスクリプトに関わる案件とはいえ、え

え、完全に度し難い。何度ちゃぶ台をひっくり返し、脈絡もなく横槍をぶっこんでやろうと自己提案した事かしら。完全に間に人を挟まない兵器なんて珍しいけど、でも、別に兵器以外でも人を殺せる「便利な時代の凶器」なんていくらでもあるというのに……』

「そうか色々と安全装置ゆるゆるでおっかねえな!! このデウスエクスマキナは具体的に何をどこまでやらかすつもりだった!?」

『あなたがいたのはプラス補整に値する幸いだったわ。システムを駆使すればあの子を庇ってくれる生体は用意できるけれど、あの子が本当の本当に自らの意志で守りたいと思える生体はこちらで用意できないので。あの子が過酷な状況に耐えられたのは、身近で支えてくれる誰かよりも、胸の内にいる見えない誰かだったのでしょうね』

「……そんなに良いものじゃないよ」

クウェンサーは吐き捨てると、身を屈めて、両足をやられてきめ細かい砂の上に倒れていたスクルドを抱え込んだ。

胸の内にいる見えない誰か、だとクウェンサーの他に実の母やキャピュレットの件も被ってしまうし、何気にレイスの傍らにいる青年が報われないような言動とも受け取れるのだが……これはもしや、人間における嫉妬の情に近いマイナス補整がかかっているのだろうか？ 色々と危ういAIだ。

『行くのかしら』

「ああ」

『誘惑に屈しなかったあなたは、これまで見てきた誰とも違う可能性を感じるのだけれど。あなたなら、ここで、私を破壊するという選択肢も見えているはずよ。私の奥にはまだ真なる代表が別にいるけれど、それでも打撃は計り知れないわ。「正統王国」に固執するあなたが、そこまで「情報同盟」に義理立てする理由もないでしょう？』

「だったらどうした。ここでタスクを閉じて、さっさとレイスとの貸し借りもチャラにしておきたいんだよ」

『有益・無益の計算の外にある返答は対処に困るのだけれど』

「そうか？　ヘイヴィアについては一発ぶん殴らないとなって言っても？　あいつあの大馬鹿野郎め金髪のドＳ幼女を何だと思ってやがる。絶滅危惧種（ぜつめつきぐしゅ）の天然記念物だぞ」

『そこは是非に、何があっても。私の分までよろしくお願いするわ』

それだけだった。

気絶した人間と一緒に二人で乗るとなると、クウェンサーが使っていた小型の水上オートバイでは不安がある。なので、スクルドが乗りつけてきた高速モーターボートの方を拝借する事にした。

「ここでの事は忘れるよ。俺が使っていた水上オートバイは適当に処分しておいてくれ。どうせ自動操縦だの何だのでいつでも乗っ取れるんだろ、『情報同盟』のやる事はおっかない」

『了解したわ。共有設定の窓だけ開けておいてもらえると手間が省けるわね。ちなみに、そちらの殺人鬼の口も封じていただきたいのだけれど。あなたとは別の意味で、極めて次の行動が予測しにくい対象なので』

「何を言っても狂人のたわ言だ。取ってつけたような財宝島の伝説なんて誰も信じないよ」

車もバイクもからっきしだが、不思議とマリンスポーツには詳しいクウェンサーだ。『安全国』にいた頃のレジャー知識を駆使して、危なげなく出航の準備を進めていく。

「じゃあな、多分二度と会う事はないだろうけど」

『人生を諦めたらいつでもお声がけを。あなたが資格者である事実は変わらないもの。お望みとあらばその瞬間から、世界中の美女とお金の山に囲まれた滅法安易でつまらないウハウハアリジゴク人生を提供する準備はできているので』

「色々考えたけど、やっぱりごめんだな」

『何故?』

「自分の力で手に入れないと意味がない。簡単に与えられるって事は、簡単に奪われる恐怖や不安が常に付きまとうだけだし。抱えるものが多ければ多いほど、多分心の方から壊れていく」

『学習を保留させていただくわ。論理的回答とは思えないので』

「でもそれが人間だ。せっかく宝くじが当たったのに自ら破滅する、奇妙な生き物なんだよ」

そしてちっぽけな南の島は、元の通りの無人となった。

世界の果てで、椰子の木の下にある古びた冷蔵庫は、対応する出力デバイスもないままに、旧来の0と1の代わりにただAとGとCとTの連なりで思考を巡らせる。

（彼は不思議な人だった）

一般民衆と比べれば、優先度は高く設定しても良い。

だが機械はあくまで機械だ。個人の情で目を曇らせる事なく、ある種冷徹に観察し、そして結論を出していた。

（……まるで地獄で遊び、地獄から遊ばれているかのよう。あの生き方は、ただの殺人鬼よりもよっぽどいびつでしょうね）

地獄の底で生まれた少年は、きっと気づかない。

間もなく夜。彼は希望を胸に、あんな真っ暗闇の世界へと帰っていく。

あとがき

そんな訳でアニバーサリーな一五冊目！　そして初となる後編でございます!!

鎌池和馬ですよ。

世界中を飛び回り、ピラニリエ＝マティーニ＝スモーキーの撃破からマンハッタン出撃までで締めくくった前編に対し、こちらの後編は満を持しての一冊丸ごとマンハッタンでございます。マティーニシリーズの秘密を追い駆けた前編から、『情報同盟』全体の秘密へシフトアップしていったつもりなのですが、スケール感の膨らみを楽しんでいただけましたら幸いです。今回は初手でクウェンサーを殺し、前編で築いた人間関係が全部ひっくり返るところがポイントでございます。レイスには可愛い子に旅をさせ、千尋の谷に蹴り落とす気持ちで書いていたのですが、いかがでしたでしょうか。


　彼女に対する救いは、彼女の知らないところで、かつてないスケールで実行されているのがこだわりだったりします。ＡＩネットワーク・キャピュレットはもちろん、アナスタシア＝ウエブスターの最期の願いを無視せず非公開重要タスクとして組み込む事を許した『真なる代

表』も何気にポイント。これについては、レイスを表に出して分かりやすく泣かせるだけが感動じゃないよね！　という実験でもあったりしました。何しろ当人が納得ずくで針のむしろ状態を受け入れているため、外から余計な慰めをしてもしっくりこないんですよね。レイスは孤高の方が美しいと思います。どうかとびきりのグラマラスおねいさんへ成長しておくれ。

　レイスと同じくらい大きく前に出てきたのは、スクルド＝サイレントサード。ぶっちゃけてしまうとアニメ特典用の小説に出てきたキャラであり、いわゆる『正史』への組み込み方が非常にややこしいのですが、今回はそれを逆手に取って『封印された、一般の記録（つまり書店さんに並んでいる既刊の連なり）を追い駆けるだけでは出てこないシリアルキラー事件』という扱いにしてみました。ここが初見の方でも楽しめますし、特典を追っていただいた方は歴史の証人になれるという位置づけですね。当然、書いた張本人である私は『知っている』側なので正確な効果は読み切れない部分がありますが、知らない方にも某掲示板ではお馴染みとなった架空の伝説、鮫島事件みたいに奇妙な存在感を持って受け止めてもらえたらなあと思っております。

　レイスと比べて一切救いのないガチのシリアルキラーですが、動機を純粋に振ると美しく見えてしまうのが殺人鬼キャラの不思議な魅力だったり。プラス、殺しの妖精というキラッキラのイメージを付加しました。多分今後も獄中でクウェンサーのファンを続ける事でしょう。

関連して、聖者尊翁ティルフィング＝ボイラーメイカーもこれまでのヘヴィーオブジェクトと比べると相当異質なキャラだったのでは。物腰は丁寧だが暴力的、やっている事は最悪なのに空気が妙にほんわかしているなど、『信心組織』の中で生きながらにして信仰される存在として、俗世の欲から切り離された、ある種超越した人物像をイメージしていました。従来の、即物的な利益のために陰謀を巡らせる黒幕とはかなり毛色が違っていて、しかしどっちもどっちで救いようがなかったのではないでしょうか。名前がティルフィングって⁉ と初見で思った方、ええそうですとも、そんなあなたもよもやここまでド直球だとは考えますまい。ラグナロクに直結する破滅の剣ならダインスレイブの方が妥当かもしれませんが、『人の手で握られながら、主神オーディンすら斬った剣』という伝説があまりにも美味し過ぎたので、こちらをあてがってみました。あとティルフィング、単なる破滅の剣であるダインスレイブと違って願いを叶える剣なんですよね。刃物振り回して叶える夢なんて大抵ろくな結末にならないようですが。

こいつはモジュールという言葉を使っています。ディープにインタビュー記事なども追い駆けていただいている方ならお分かりの通り、ヘヴィーオブジェクトというタイトルが決まるまで仮タイトルにはモジュールという語が含まれ、超大型兵器の名前もまたモジュールだったのです。今回は世界観を根底から崩しかねないテクノロジーに対し、改めてこのモジュールの語

をあてがってみました。モーションキャプチャなど『人の動きを機械が真似るための』スーツはもはや珍しくありませんが、今実用化に向けて動いている運動機能を補助するスーツの延長線上には『機械が設定した神業スーパーダンスを人間に踊らせる』といった逆転現象も起こせるのでは、と。しわくちゃのジジィのくせに殺人鬼の技術とツインテールの妹系ヒロイン仕草を思う存分駆使する、当人いわく『大人気は毛頭ない』聖者尊翁を可愛がっていただけたらと思っております（ただまあ、いくら数値が正しくても当人の筋肉や内臓はそのまんまなので、このじいさんすげえー息切れと筋肉痛になりそうですが）。……この技術、もうちょい進歩して量産化までしちゃった日には、ほんとにオブジェクトの時代を一掃するかも……。

ちなみに人間を重視する『信心組織』と機械を重視する『情報同盟』のトップグループを見比べたり、ジジィの語っていたエスパー研究の誤解についてプタナ＝ハイボールの事例と照らし合わせてみても面白いかもしれませんね。

今回はトップグループがゴロゴロ出てきた『情報同盟』や『信心組織』に対し、後手後手な位置にいた『正統王国』や『資本企業』は比較的大人しく見えたかもしれません。ただこれも、世界の切り取り方次第で見えるものは変わる、という訳です。普段は大体外道扱いされている後者二つですが、『情報同盟』も『信心組織』もおんなじくらいドロドロしていますよ、と。

おほほについてもクローズアップしております。正体がトップシークレットなので、微妙にニアミスですれ違いながらではありますが。『正統王国』と『情報同盟』のつかず離れずな共闘も楽しんでいただければと思います。

お姫様とおほほを見比べてみると、エリートとしての精神的な成熟度が分かるかもしれません。まあ、おほほの実年齢はアレなので、ああいう形でも妥当ではとも思うのですが……。

今回は初手でクウェンサーが退場してしまうため、いつもとはアクションの質が違ったのではないでしょうか。

フローレイティアと合流する三章序盤、そしてあの男が再び顔を出す終盤辺りで空気がガラリと変わるのもお分かりのはず。中心に立つ人物が変わるだけで、同じ世界でもこうも見える色は変わるという訳ですね。いつもの話が割とハッピーに見えているのはクウェンサーが常識知らずのポジティブ人間だからで、真っ当に戦力を固めていったヘイヴィアから見ればネガティブに己の限界も分かる訳で、やっぱりこの世界は灰色の地獄なのかもしれません。逃げる事もせず元の地獄へ呑気に帰ってしまうヤツに対し、アナスタシアプロセッサが一切の補整をかけずに機械の目で観察するところも割と大きな見所かなと。

ティルフィング、スクルド、アナスタシアプロセッサと、終盤にかけて一気に世界観がフリ

ーダムに広がっていったはず。全てはこのためにレイスを閉塞感満載の針のむしろへ投げ込んだ訳ですが、ギリギリまで引いた弓から手を離すような爽快感、解放感を味わってもらえたらと願っております。

イラストの凪良さん、担当の三木さん、阿南さん、中島さん、山本さん、見寺さんには感謝を。とにもかくにも、まず二万メートル！　文章で書けば一言だが、イラストとなると滅法メンドクサイの超絶ハイコスト典型例のはず。ともあれ、諸々お手間をおかけいたしました!!

そして読者の皆様にも感謝を。後編というのはまず前編を読んでその内容を覚えていない限り評価のできない、わがまま構成の原稿だったりします。ここまで楽しんでいただいて本当にありがとうございました。願わくは、これからも様々な実験に笑ってお付き合いいただければと思っております。

それでは今回はこの辺りで。

止められん、人工知能キャラがはっちゃけてしまうのを……!!

鎌池和馬

◉鎌池和馬著作リスト

「とある魔術の禁書目録（インデックス）」（電撃文庫）
「とある魔術の禁書目録（インデックス）②」（同）
「とある魔術の禁書目録（インデックス）③」（同）
「とある魔術の禁書目録（インデックス）④」（同）
「とある魔術の禁書目録（インデックス）⑤」（同）
「とある魔術の禁書目録（インデックス）⑥」（同）
「とある魔術の禁書目録（インデックス）⑦」（同）
「とある魔術の禁書目録（インデックス）⑧」（同）
「とある魔術の禁書目録（インデックス）⑨」（同）
「とある魔術の禁書目録（インデックス）⑩」（同）
「とある魔術の禁書目録（インデックス）⑪」（同）
「とある魔術の禁書目録（インデックス）⑫」（同）
「とある魔術の禁書目録（インデックス）⑬」（同）
「とある魔術の禁書目録（インデックス）⑭」（同）
「とある魔術の禁書目録（インデックス）⑮」（同）
「とある魔術の禁書目録（インデックス）⑯」（同）
「とある魔術の禁書目録（インデックス）⑰」（同）
「とある魔術の禁書目録（インデックス）⑱」（同）

「とある魔術の禁書目録（インデックス）⑲」（同）
「とある魔術の禁書目録（インデックス）⑳」（同）
「とある魔術の禁書目録（インデックス）㉑」（同）
「とある魔術の禁書目録（インデックス）㉒」（同）
「とある魔術の禁書目録（インデックス）SS」（同）
「とある魔術の禁書目録（インデックス）SS②」（同）
「新約　とある魔術の禁書目録（インデックス）」（同）
「新約　とある魔術の禁書目録（インデックス）②」（同）
「新約　とある魔術の禁書目録（インデックス）③」（同）
「新約　とある魔術の禁書目録（インデックス）④」（同）
「新約　とある魔術の禁書目録（インデックス）⑤」（同）
「新約　とある魔術の禁書目録（インデックス）⑥」（同）
「新約　とある魔術の禁書目録（インデックス）⑦」（同）
「新約　とある魔術の禁書目録（インデックス）⑧」（同）
「新約　とある魔術の禁書目録（インデックス）⑨」（同）
「新約　とある魔術の禁書目録（インデックス）⑩」（同）
「新約　とある魔術の禁書目録（インデックス）⑪」（同）
「新約　とある魔術の禁書目録（インデックス）⑫」（同）

「新約 とある魔術の禁書目録⑬」(同)
「新約 とある魔術の禁書目録⑭」(同)
「新約 とある魔術の禁書目録⑮」(同)
「新約 とある魔術の禁書目録⑯」(同)
「新約 とある魔術の禁書目録⑰」(同)
「新約 とある魔術の禁書目録⑱」(同)
「新約 とある魔術の禁書目録⑲」(同)
「ヘヴィーオブジェクト」(同)
「ヘヴィーオブジェクト 採用戦争」(同)
「ヘヴィーオブジェクト 巨人達の影」(同)
「ヘヴィーオブジェクト 電子数学の財宝」(同)
「ヘヴィーオブジェクト 死の祭典」(同)
「ヘヴィーオブジェクト 第三世代への道」(同)
「ヘヴィーオブジェクト 亡霊達の警察」(同)
「ヘヴィーオブジェクト 七〇%の支配者」(同)
「ヘヴィーオブジェクト 氷点下一九五度の救済」(同)
「ヘヴィーオブジェクト 外なる神」(同)
「ヘヴィーオブジェクト バニラ味の化学式」(同)

「ヘヴィーオブジェクト　一番小さな戦争」（同）
「ヘヴィーオブジェクト　北欧禁猟区シンデレラストーリー」（同）
「ヘヴィーオブジェクト　最も賢明な思考放棄」（同）
「ヘヴィーオブジェクト　最も賢明な思考放棄　#予測不能の結末」（同）
「インテリビレッジの座敷童」（同）
「インテリビレッジの座敷童②」（同）
「インテリビレッジの座敷童③」（同）
「インテリビレッジの座敷童④」（同）
「インテリビレッジの座敷童⑤」（同）
「インテリビレッジの座敷童⑥」（同）
「インテリビレッジの座敷童⑦」（同）
「インテリビレッジの座敷童⑧」（同）
「インテリビレッジの座敷童⑨」（同）
「簡単なアンケートです」（同）
「簡単なモニターです」（同）
「ヴァルトラウテさんの婚活事情」（同）
「未踏召喚：//ブラッドサイン」（同）
「未踏召喚：//ブラッドサイン②」（同）

「未踏召喚：／／ブラッドサイン③」(同)
「未踏召喚：／／ブラッドサイン④」(同)
「未踏召喚：／／ブラッドサイン⑤」(同)
「未踏召喚：／／ブラッドサイン⑥」(同)
「未踏召喚：／／ブラッドサイン⑦」(同)
「未踏召喚：／／ブラッドサイン⑧」(同)
「とある魔術のヘヴィーな座敷童が簡単な殺人妃の婚活事情」(同)
「最強をこじらせたレベルカンスト剣聖女ベアトリーチェの弱点
その名は『ぶーぶー』」(同)
「最強をこじらせたレベルカンスト剣聖女ベアトリーチェの弱点②
その名は『ぶーぶー』」(同)
「最強をこじらせたレベルカンスト剣聖女ベアトリーチェの弱点③
その名は『ぶーぶー』」(同)
「最強をこじらせたレベルカンスト剣聖女ベアトリーチェの弱点④
その名は『ぶーぶー』」(同)
「最強をこじらせたレベルカンスト剣聖女ベアトリーチェの弱点⑤
その名は『ぶーぶー』」(同)
「とある魔術の禁書目録×電脳戦機バーチャロン　とある魔術の電脳戦機(バーチャロン)」(同)

本書に対するご意見、ご感想をお寄せください。

電撃文庫公式ホームページ 読者アンケートフォーム
http://dengekibunko.jp/
※メニューの「読者アンケート」よりお進みください。

ファンレターあて先
〒102-8584　東京都千代田区富士見1-8-19
電撃文庫編集部
「鎌池和馬先生」係
「凪良先生」係

本書は書き下ろしです。